Die

‚Vereinigten Staaten von Europa'

und der 3. Weltkrieg

Jesaja 46:9: „Ich bin Gott, und sonst keiner mehr, ein Gott, dem nichts gleicht. Ich habe von Anfang an verkündigt, was hernach kommen soll, und vorzeiten, was noch nicht geschehen ist.“

Die

‚Vereinigten Staaten von Europa'

und der 3. Weltkrieg

Steffen Fuchs

Autor: Steffen Fuchs
Coverdesign: Steffen Fuchs
ISBN: 9789461938589
Verlag: Mein Bestseller
Veröffentlicht: 2014

Inhaltsverzeichnis

Prolog

Gibt es Indizien die es uns ermöglichen zu erkennen, ob die Endzeit angebrochen ist?

Nun, da gibt es in der Tat eine ganze Menge – man braucht im Prinzip nur regelmäßig Nachrichten zu sehen oder zu lesen. Wenn man dies unter dem Aspekt der Bibelprophetie tut, dann fällt einem so einiges auf.

Sei es die Entwicklung in Europa und hier insbesondere in Deutschland oder der Niedergang der Weltmacht USA, die Gemengelage in der Region, die als Naher und Mittlerer Osten bezeichnet wird oder auch die Entwicklungen in Fernostasien.

Die aus allen Ecken hallende Forderung nach den Vereinigten Staaten von Europa, die Eurasische Union, die radikalisierung in den islamischen Nationen, Kriege, Unruhen und Krisen und der moralische Verfall der Menschheit, insbesondere im „christlichen Abendland"

Alles dies, sagt die Prophetie der Bibel eindeutig voraus und genau in diese Richtung bewegt sich das Geschehen in der Welt auch hin.

Was man wissen muss

Die Bibel, ist speziell für das ‚Volk' Israel gedacht. Von den Büchern **Moses** bis zur **Offenbarung** ist sie die Geschichte eines Volkes, des ‚Hauses Israels'. Andere Völker kommen nur vor, soweit sie mit ihm in Kontakt kommen.

Die Bibel legt ihre Symbole selbst aus. Wenn wir die Wahrheit wissen wollen, dürfen wir uns *ausschließlich* durch die bibeleigene Deutung und nicht durch unsere menschliche Phantasie leiten lassen. Alle Symbole wie z. B. Tiere, Hörner, Frau oder Köpfe werden in der Bibel selbst gedeutet und sind nicht buchstäblich, sondern als Metapher zu verstehen. **2. Petrus 1:20:** *„Und vor allem sollt ihr wissen, dass keine Prophetie der Schrift eine Sache eigener Auslegung ist."*

Wir können nicht durch eigene Gedanken darauf kommen, was Gott meint. Es gibt nur einen Weg, die Wahrheit zu finden. Dieser besteht darin, sorgfältig, und ohne Vorurteile, alle nötigen Bibelstellen zu studieren. Denn **Jesaja 55:8** sagt: *„Meine Gedanken sind nicht eure Gedanken."*

Ebenfalls, muss man wissen, dass die **Offenbarung** und das **Buch Daniel** sich ergänzen und in Kombination interpretiert werden müssen. Ebenso müssen zum genauen Verständnis gelegentlich noch andere Propheten herangezogen werden, denn die Bibel muss als Ganzes betrachtet werden.

Details welche erwähnt werden müssen auch in die Deutung einbezogen werden. Umgekehrt gilt ohne spezifische Hinweise nichts hinein zu interpretieren.

Wie kann man wissen, auf welche Zeit sich eine Prophezeiung bezieht? Das ist nicht immer ganz einfach, weil es auch duale Prophezeiungen gibt. Aber was die Visionen *Daniels* und die **Offenbarung** betrifft, so ist einfach, denn in **Daniel 7:26** steht: *„Was aber über das Gesicht von den Abenden und Morgen gesagt worden ist, das ist wahr; und du sollst das Gesicht verwahren, denn es bezieht sich auf fern liegende Tage!“*

In anderen Fällen, wird vom „Tag des Herrn“ oder dem „Tag des Zorns“ gesprochen, was ebenfalls auf die Endzeit Bezug nimmt.

Nationen der Antike und Gegenwart in der Bibel

In den nachfolgenden Kapiteln, werde ich die wichtigen Nationen, welche in die Ereignisse der Endzeit involviert sein werden, aus biblischer Sicht behandeln.

Wer erwartet, die heutigen Nationen mit ihren modernen Namen in der Bibel zu finden, wird enttäuscht werden. Es gibt nur wenige Ausnahmen wie z.B. *Libyen* und *Ägypten*, die heute noch genauso heißen wie in der Antike. Allerdings haben alle heutige Nationen Vorfahren bis weit in antike Zeiten. Und wie im letzten Kapitel erwähnt, werden diese sofern sie im Kontext des Volkes Israels (nicht mit dem *Staat* Israel verwechseln) von Bedeutung sind, auch in der Bibel erwähnt.

Einige Völker leben noch heute dort, wo sie schon zu den Zeiten der biblischen Propheten lebten. Andere Völker der Antike gibt es zwar auch heute noch, aber nicht mehr dort, wo sie in der Antike ansässig waren. Und das eine oder andere Volk gibt es heutzutage nicht mehr.

Ich werde auch Beweise außerhalb der Bibel anführen, welche die Angaben der Bibel bestätigen. Gleiches gilt für Belege, welche die Manifestation der Prophezeiungen in der Welt beweisen. In den folgenden Kapiteln werden Sie auf die eine oder andere Überraschung stoßen, ich war auch zunächst etwas perplex, aber es handelt sich um Fakten.

Abgesehen von der grundlegend wichtigen Darstellung des ‚Hauses Israels', ohne die es nicht gehen würde, denn schließlich ist das ‚Haus Israel' der Dreh- und Angelpunkt der Bibel, werde ich den größten Teil der Betrachtung *Deutschlands* widmen. Zum einen, weil dieses Buch im deutschsprachigen Raum gelesen werden wird und es wichtig ist, das Schicksal der eigenen Nation zu kennen.

Aber vor allem auch deshalb, weil *Deutschland* die Welt in der Endzeit definitiv dominieren wird und alleine deshalb schon besondere Aufmerksamkeit verdient. Das werden Sie schon daran feststellen können, dass ich nicht darum herum gekommen bin, selbst in den Kapiteln über andere Nationen, immer wieder *Deutschland* zu erwähnen.

Das Haus Israel und die verlorenen Stämme

Es ist zunächst einmal sehr wichtig, den Unterschied - zwischen dem ‚Haus Israel', um welches es in der Bibel geht, - und dem heutigen Staat Israel zu klären.

Das Volk Israel bestand und besteht immer noch aus diversen Stämmen. Von diesen waren und sind bis auf den Stamm *Juda,* keiner jüdisch! Folgendes ist wichtig zu verstehen: Die Juden waren immer nur *ein Volk.* Sie sind nicht verschiedene Völker und waren es auch nie. Die Juden gehören zum Volk Israel, genauso wie die *Hessen* zum deutschen Volk. Aber wie Deutschen keine *Bayern* sind, so sind *die meisten* Angehörigen *Israels* keine Juden.

Das Land der Israeliten ist mit dem heutigen Staat *Israel* identisch, aber dort lebt heute, vor allem der Stamm *Juda*. Die anderen haben das *gelobte Land* verlassen und sich über die ganze Welt verstreut. *Israel* ging so als ‚die zehn verlorenen Stämme' in die Annalen ein. Aufgrund seines Bundes mit David. beließ Gott nur einen geringen Teil des ‚Hauses Israels', den Stamm *Juda,* zu dem sich auch einige *Leviten* und *Benjaminiten* gesellten, in diesem Gebiet.

Der Stamm Juda, *ist aber* ein Teil des originären Volkes Israel, auch wenn er nicht das *ganz* Israel bildet und deshalb von da an, auch nicht mehr den Namen ‚Israel' trug. Die Juden haben den Namen ihres Stammes, und die anderen zehn Stämme haben nun den Namen des Königreiches von ‚Israel' inne.

Das damalige Königreich *Israel* (721-718 v. Chr.) war erobert worden. Die Menschen waren als Sklaven nach *Assyrien* verschleppt worden laut **2. Könige 17, 18. 23-24**. Aber die *Assyrer* hatten, nach der Zerstörung ihres Reiches, zusammen *mit* ihren Sklaven angefangen, das Land zu verlassen um in Richtung *Europa* auszuwandern. Von nun an wird das Königreich der zehn Stämme, von den Stämmen ‚Ephraim' und ‚Manasse' geführt. Nicht die zehn Stämme wurden von Israel abgetrennt, stattdessen *wurde Juda von Israel abgetrennt.*

Mit den *Assyrern* zogen die zehn Stämme Israel nach Nordwesten, jetzt allerdings nicht mehr als Gefangene. Sie zogen noch weiter als die *Assyrer,* bis nach *Westeuropa, Skandinavien* und auf die *Britischen Inseln*. Hier möge der Hinweis genügen, dass sich die anderen Stämme allem Anschein nach in Ländern wie *Niederlande, Belgien, Dänemark, Nordfrankreich, Luxemburg,* der *Schweiz, Schweden* und *Norwegen* niedergelassen haben. Auch die Bevölkerung *Islands* zählt dazu.

Die Botschaft von **Jeremia 31:7** soll denen, die „fern auf den Inseln" sind, verkündet werden, sie soll laut „über das Haupt unter den Völkern" ausgerufen werden. Das sagt uns, dass sich das heutige ‚Haus Israel' seit jener Zeit, als Jeremia Davids Thron neu „pflanzte", auf den Inseln, im „Meer" und zwar als „Haupt unter den Völkern" niedergelassen hat.

Und zwar, von *Jerusalem* ausgesehen, in nordwestlicher Richtung. Es handelt sich also um ein seefahrendes Volk, welches deshalb wahrscheinlich die Küstengegenden bewohnt. Da es im Hebräischen kein Wort für „Nordwesten" gibt, wird diese Richtung mit „Norden und Westen" umschrieben. Gemeint ist damit Nordwesten. Als weitere Richtungsangabe haben wir *„und* in *alle* Welt".

Jetzt muss noch das Wort „Sinim" übersetzt werden und schon haben wir einen weiteren Aufenthaltsort des Hauses Israel gefunden. Das Wort bedeutet „Australi" („Süden" bzw. „Australien").

„Dieser [Manasse] soll auch ein Volk werden und wird groß sein, aber sein jüngerer Bruder [Ephraim] wird größer als er werden, und sein Geschlecht wird eine Menge [eine Gemeinschaft – ‚Commonwealth'] von Völkern werden" (**1. Mose 48:19**). Dies beweist eindeutig, dass ‚Ephraim' sich auf *Großbritannien* beziehen muss, denn zu ihm gehören auch die Staaten des *‚Commonwealth'*. Und wie wir im weiteren Verlauf noch sehen werden, bildeten *Großbritannien*, seine Commonwealthstaaten und die *USA*, fast immer eine einige Koalition in kriegerischen Auseinandersetzungen.

Ursprünglich gab es zwölf Stämme. Vom Stamm Joseph, einem der zwölf, spaltete sich später ‚Manasse' ab. Eigentlich ist Manasse ein *dreizehnter* Stamm. Der Stamm Manasse wanderte, später nach *Nordamerika* aus. Manasse sollte sich ja auch laut Bibel von ‚Ephraim' trennen und zur größten Einzelnation der Welt, den *Vereinigten Staaten von Amerika* werden. Da die *USA* heut zu Tage in allen Medien ganz selbstverständlich als Welt- oder Supermacht bezeichnet werden, ist es nicht nötig, das an dieser Stelle weiter zu belegen. Auch ein Blick auf die Farben der Flaggen der beiden Nationen, zeigt sofort die Ähnlichkeiten auf. Sehr wahrscheinlich ist die US-Fahne, eine Anlehnung an das einstige Mutterland. So wie auch *Neuseeland* und *Australien*, die Farben des Union Jack übernommen bzw. ihn in ihre Fahne integriert haben.

Vielleicht ist Ihnen ja auch während der Berichterstattung über die NSA-Affäre etwas aufgefallen!? Mir ist sofort aufgefallen, dass die *USA* bestimmte Länder überhaupt nicht ausspioniert haben und raten Sie mal welche das waren ... es handelt sich dabei um *Kanada*, *Großbritannien*, *Australien*, *Neuseeland* und *Israel* - So ein Zufall aber auch! Ebenfalls sind die *USA* die Nation, die seit Jahrzehnten fast alle UN-Resolutionen gegen *Israel*, mit ihrem Veto-Recht blockiert hat. Man weiß in diesen Nationen wohl irgendwie um die gemeinsame Abstammung.

Und auch trotz des Unabhängigkeitskrieges der einstigen Kolonie gegen die britische Krone, sind beide Nationen heute immer noch brüderlich verbunden. Ein ähnliches Verhältnis gibt es auch zwischen den beiden deutschen Völkern, wie wir im nächsten Kapitel sehen werden.

Aber zurück zum Erstgeburtsrecht. Was sind nun die Segnungen, durch welche diese beiden Stämme, zu identifizieren sind? Es handelt sich dabei um:

- reiches Ackerland zu beiden Seiten des *Mississippi,*
- riesige Weizen- und Kornfelder,
- riesige Wälder in *Nordamerika,*
- die Goldfelder von *Südafrika, Australien & Alaska,*
- große Kohlenbergwerke in *Großbritannien* und den *Vereinigten Staaten,*
- Anbaugebiete erlesener Obstsorten in *Florida* und an der Pazifikküste *Amerikas.*

Ebenfalls gehören die „Tore der Feinde" – die strategisch wichtigen Meereskanäle, welche für den Handel wichtig sind, dazu (**1.Mose 22:16**). Es geht hierbei um Durchfahrtswege wie *Gibraltar, Suez,* oder den *Panamakanal. Großbritannien* und die *USA* gelangten in den Besitz dieser Tore der Welt. Der Welthandel spielt sich auch heute noch größtenteils auf den Seewegen ab.

In **3. Mose Kapitel 6** finden wir weitere Segnungen: *„Ich will Frieden geben in eurem Lande, dass ihr schlafet und euch niemand aufschrecke [...] und kein Schwert soll durch euer Land gehen. Ihr sollt eure Feinde jagen, und sie sollen vor euch her dem Schwert verfallen. Fünf von euch sollen hundert jagen, und hundert von euch sollen zehntausend jagen. Und ich will mich zu euch wenden und will euch fruchtbar machen und euch mehren und will meinen Bund mit euch halten".*

Weitere Anhaltspunkte für Segnungen sind:

- Ab 1804 war *London* das Weltfinanzzentrum,
- die *USA* hat die Zahl der Staaten durch den Kauf des Louisiana-Territoriums vergrößert,
- eine Rekordernte nach der anderen,
- *Großbritannien* und die *USA* besaßen fast ¾ aller Bodenschätze der Welt,
- *Großbritannien* beherrschte die Meere.

Ein weiterer Staat der gemäß Bibel zum ‚Hause Israel' gehört, ist *Südafrika*. Denn besiedelt und dann auch gegründet wurde der Staat überwiegend von *Briten*, neben u. a. einigen *Niederländern*, die wir als die *Buren* kennen. Es waren jedoch auch einige *Deutsche* in *Südafrika* mit von der Partie. Und der letzte deutsche Kaiser, hat im Burenkrieg, *gegen* die *Briten* Partei ergriffen. Auch während der *Nazi-Zeit* gab es sehr gute Beziehungen zwischen den beiden Nationen und das hat sich übrigens bis in die *Gegenwart* nicht geändert. Doch auch dazu mehr, im nächsten Kapitel.

Auch für *Südafrika* gilt, was für die anderen Nationen des ‚Hauses Israel' gilt. Es empfing von Gott zahlreiche Segnungen, aber es sieht sich nun auch genauso starken Flüchen ausgesetzt. Der Übergang von *Nelson Mandela,* vom Terroristen zum beliebtesten politischen Gefangenen und zuletzt zum Präsidenten des Landes 1994, dürfte einmalig auf der Welt sein. Aber von da an ging es mit den Segnungen zu Ende und es kam ein Fluch nach dem anderen über das Land.

Südafrika war ähnlich wie *Australien* vor allem durch Bodenschätze gesegnet worden. Der Reichtum des Landes beruhte auf der Gewinnung und Verarbeitung dieser Rohstoffe und dem Export in alle Welt. Zu diesen Schätzen gehörten vor allen Gold, Diamanten und Schwermetalle. Auf dem Markt für Gold und Kohle war *Südafrika* unter den ‚Top Ten' der Welt. Ebenso gehörte auch Platin und Chrome zu den Bodenschätzen.

Damit sich die Verheißungen des Erstgeburtsrechts erfüllen konnten, mussten die Israeliten bestimmte Bedingungen einhalten. Es gab ein großes ‚Wenn'. Gott verlangte, dass seine *Satzungen* und *Gebote* eingehalten werden.

Warum hat *Großbritannien* nun aber bereits den Großteil seiner Kolonien und damit seines Reichtums und seiner Macht in der Welt eingebüßt? Und warum werden die *USA* heute in der Welt nicht mehr ernst genommen oder in weiten Teilen, sogar gehasst und verachtet? Warum konnte die Supermacht *USA* die Kriege gegen kleine Nationen wie im *Vietnamkrieg* nicht für sich entscheiden?

Es liegt ganz einfach daran, dass *Israel* die obigen Bedingungen mit der Zeit nicht mehr einhielt. Und was Gott in diesem Fall tun würde lesen wir in **3. Mose 6:14:** *„Werdet ihr mir aber nicht gehorchen und nicht alle diese Gebote tun [...] so will auch ich euch dieses tun: Ich will euch heimsuchen mit Schrecken, mit Auszehrung und Fieber, dass euch die Augen erlöschen und das Leben hinschwindet. Ihr sollt umsonst euren Samen säen, und eure Feinde sollen ihn essen. Und ich will mein*

Antlitz gegen euch richten, und ihr sollt geschlagen werden vor euren Feinden, und die euch hassen, sollen über euch herrschen".

Nun ist also *Großbritanniens* Sonne ohne jeden Zweifel untergegangen. Sozialer Verfall, Unruhen, eine der höchsten Staatsverschuldung der Welt, die Kolonien weg und in *Europa* isoliert es sich immer mehr. Um das zu belegen, einige Zitate und Zusammenfassungen aus der internationalen Presse, die den Abstieg des ‚Hauses Israel' und somit u. a. der *USA* als Weltmacht, *Großbritanniens* und seines Commonwealth zeigen. Zunächst zu *Großbritannien* und seinem Ärger in bzw. mit der EU in Sachen Eurokrise. Dieser interne Streit in der EU und die Isolierung *Großbritanniens* ziehen sich nun schon seit einiger Zeit hin. ‚Die Welt' schrieb am 17. November 2011 dazu unter der Überschrift:

Briten wütend über deutsche Dominanz in Europa

Die Spannungen zwischen *Deutschland* und *Großbritannien* hätten sich weiter zugespitzt. Unionsfraktionschef *Volker Kauder* und der britische Wirtschaftsminister *Cabel*, hätten einen Schlagabtausch über Sinn oder Unsinn einer europäischen Finanztransaktionsteuer gehabt. Die *Briten* fürchteten sich wohl vor einem deutschen *Europa*. Die Zeitung fragte auch, was *Camerons* Vision von *Europas* sei, um es selbst zu beantworten: im Moment nur leeres Geschwafel!

Die ‚Daily Mail', brachte auf Seite Eins, ein Zitat *Kauders*, dass in dieser Form falsch verstanden wer-den musste: *„Eu-*

ropa spricht jetzt deutsch!" *Kauder* hatte aber nur ausgesprochen, was in *Deutschland* und *Frankreich*, schon seit Wochen, die Erkenntnis sei. Zitat: „Nur den eigenen Vorteil suchen zu wollen und nicht bereit zu sein sich auch einzubringen, dass kann nicht die Botschaft sein, die wir den *Briten* durchgehen lassen.", hatte *Kauder* gesagt.

Am selben Tag schrieb der ‚Stern':

Briten im verbalen Tiefflug

Briten im verbalen Tiefflug

Enthusiasmus für *Europa*, sei in *Großbritannien* schon immer schwer zu finden gewesen. Aber in den vergangenen Wochen könne man den Eindruck haben, dass die Inselbewohner, lieber gestern als heute, aus der EU austreten würden. Premierminister *Cameron* hätte sich wenig Handlungsspielraum gelassen und die entschieden antieuropäische Haltung, habe die *Briten* längst an den Spielfeldrand in *Brüssel* verbannt.

Aber es ging noch weiter, wie ‚Die Welt' am 18. November schrieb. Sie führt an, dass sich die Stimmung zwischen *Großbritannien* und *Deutschland* verschlechtert habe. So berichtete der ‚Daily Telegraph', unter Berufung auf ein vertrauliches Papier, aus *Berlin*, es gäbe Pläne, eine EU-Finanzbehörde mit großen Befugnissen, aufzubauen.

‚Die Zeit' schrieb bereits am 17. November dazu, dass *Rainer Brüderle* im ‚Tagesspiegel' davor gewarnt habe, dass *Großbritannien* die Rolle eines Trittbrettfahrers in der EU einnehme. In *Berlin* reagiere man zunehmend genervt auf die Vorschläge von der Insel, denn *Großbritannien* habe bis auf Irland, keinem Land während der Eurokrise geholfen. Es werde daher wegen seines Widerstandes gegen eine strengere Finanzmarktregulierung als Teil des Problems angesehen.

‚Der Stern' schrieb am 9. Dezember 2011:

Briten feiern ihre Bulldogge

Gut geknurrt, *Cameron*! Mit dem Veto beim EU-Gipfel, habe er das gemacht was von ihm verlangt werde und sein Land weiter von *Europa* entfernt. Das britische Veto sei aber für die *Briten* ein Triumph, weil der Euro-Rettungsplan, als Angriff auf den Finanzplatz *London* gesehen werde. Aus reiner Boshaftigkeit hätten die *Franzosen* die Finanztransaktionssteuer zur Verhandlungsmasse gemacht, hätten Kommentatoren behauptet

Und einen Monat später, kam es dann auch, wie es wohl kommen musste. Die Zeitschrift ‚Focus' schrieb am 9. Dezember zum Gipfel unter der Überschrift:

Und einen Monat später, kam es dann auch, wie es wohl kommen musste. Die Zeitschrift ‚Focus' schrieb am 9. Dezember zum Gipfel unter der Überschrift:

Merkel und Sarkozy scheitern an Cameron

Der britische Premier habe den Euro-Ländern alles Gute gewünschte, er jedoch, sei glücklich, den Euro nicht zu haben. Bundeskanzlerin *Merkel* habe sich gelassen gegeben, die *Briten* wären noch nie beim Euro dabei gewesen, und so sei man mit diesem Zustand ja vertraut, habe sie gesagt. Die Signale, die von der Verweigerungshaltung für die Zukunft der EU ausgehen würden, hielten Kritiker für verheerend.

Abschließend noch ein Fazit des ‚Spiegels' vom 27. Oktober: Der Brüsseler Gipfel-Marathon zementiere die neue *Hackordnung* der EU. Die Euro-Länder würden voran schreiten, Länder wie *Großbritan-nien* blieben hingegen außen vor. Am Abschlussgipfel hätten die Nicht-Euro Chefs nur deshalb teil genommen, weil sie wütend darauf bestanden hätten, an diesem entscheidenden Tag in *Brüssel* dabei zu sein. Aber sie hätten ihre Meinung zur Krise, nur 90 Minuten lang äußern dürfen, dann hätten sie wieder abreisen müssen. Dieser Trend wird würde sich wohl noch verstärken.

Der britische Ex-Premier *John Major*, sehe ebenso ein auseinander klaffen. Und wenn die Eurozone näher zusammen rücke, würden die Nicht-Euro-Länder sich auch koordinieren müssen. Es drohe eine Konfrontation. Die wichtigste Äußerung dieses Gipfels sei aber bereits am Sonntag gefallen. Der französische Präsident *Sarkozy*, hätte *Cameron* vor versammelter Runde angefahren, seine Meinung zum Euro sei nicht gefragt. Das werde den *Briten* zwar nicht davon abhalten können, weiter das Krisenmanagement der *Deutschen* und *Franzosen* zu kritisieren, aber es zeige doch, woher der Wind künftig wehen werde.

Aber kann *Großbritannien* vielleicht noch auf einige seiner Commonwealthstaaten, wie z. B. *Australien*, hoffen? Soviel kann ich jetzt schon verraten, besser nicht! Von *Australien* hört, sieht und liest man kaum etwas, außer wenn dort ein internationales Tennis-Turnier stattfindet. Aber wir wollen auch ‚Down Under' etwas unter dem Aspekt Segen und Fluch Gottes betrachten.

Die Schlager der australischen Exportwirtschaft, somit eine der Segnungen, sind u. a. Kohle, Uran, Diamanten, sowie Schwer- und Edelmetalle. Hierbei sind die Hauptabnehmer asiatische Staaten, allen voran *China*, gefolgt von *Japan*, *Russland* und *Indien*.

Bereits im Jahre 1998 erklärte der ehemalige Berater von *Margaret Thatcher*, *Christopher Story*, in der ‚Economic Intelligence Review' vom September: *„dass Australien technisch gesehen pleite sei".* Seiner Meinung nach leide es an der schlechtest möglichen Kombination von Gründen, nämlich schwacher Wechselkurs, niedrige Warenpreise, ausgehöhlte Devisenvorräte, steigendes Handelsdefizit und zusätzlich ständig wachsender Auslandsverbindlichkeiten.

Ein Jahrzehnt zuvor war *Australien* durch die Einschätzung von Analysten, mit der wirtschaftlichen und finanziellen Entwicklung in *Ostasien* verknüpft. Das führte dazu, dass der *australische* Dollar, gemeinsam mit den asiatischen Währungen auf Talfahrt ging. Er verlor damals um 21 % an Wert gegenüber dem US-Dollar. Die auf Kredit basierende Ökonomie steht der Weltfinanzkrise hilflos gegenüber.

Die australische Wirtschaft reitet auf dem Rücken der

Weltwirtschaft und ist bzgl. seiner Handelsgüter abhängig von Nachfrage, hauptsächlich aus *China*. Australiens Spekulation ist die, dass steigende Nachfrage und wachsende Wirtschaften in *Ostasien* seine angeschlagene Wirtschaft aus dem Schuldensumpf hilft. Da sollte man in ‚Down Under' mal lieber die *Bibel* raus holen und nachsehen, was Gott zum Thema Verschuldung sagt z. B. in **Psalm 37:21:** *Der Gottlose borgt und zahlt nicht zurück; der Gerechte aber ist barmherzig und gibt!*

Einigen scheint das auch zu dämmern. In der Zeitung ‚Daily Reckoning' vom Februar 2008, fasste *Dan Denning* das Problem *Australiens* in klare Worte: *„Auf Schulden basierender Wohlstand, egal ob in Großbritannien, Amerika oder Australien ist der Weg in den Ruin. Einige Leute sind gerade dabei heraus zu finden, wie weit wir auf diesem Weg bereits voran geschritten sind. Und zwar sehr weit!"*

Wie sieht es außenpolitisch aus? Im November 2012 hat der langjährige, australische Außenminister *Gareth Evans*, sein Land gewarnt, *„dass es auf der falschen Seite der Geschichte stehen könnte, wenn es sich dem palästinensischen Vorstoß, einen Beobachterstatus in der UN-Vollversammlung zu erhalten, entgegenstellt."*

Und da wir gerade bei der Außenpolitik sind, wie steht es mit der australischen Verteidigungsfähigkeit? Professor *Ross Babbage*, ein Berater des australischen Verteidigungsministers, hat sein Land aufgerufen, seine Verteidigungsfähigkeit massiv zu verbessern. Er sagte *„Wir werden uns wahrscheinlich, einer deutlich veränderten Zukunft gegenüber sehen."* Er warnte, dass aller Wahrscheinlichkeit nach, *Australiens* größte Herausforderung in aufsteigenden *asiatischen* Mächten, bestehen wird.

Auf die Erfahrung mit den schnell gewachsenen Nationen *China* und *Indien* hinweisend erklärte er: [...] *„Nichts desto weniger, bei all den unzähligen Unsicherheiten, wird es notwendig sein, dass die australischen Sicherheitsplaner darauf einstellen müssen, das Australien zukünftig unter Giganten wandle, von denen einige nicht freundlich gesinnt sein dürften."*

Die Lücke in der australischen Verteidigungsfähigkeit sei sehr signifikant, verglichen mit der nationalen Stärke der Nationen die nördlich von ihm angesiedelt sind. Es ist mit diesen Nationen weder kulturell noch ideologisch verbunden. Sein Handelsungleichgewicht mit asiatischen Nationen ist riesig. Es ist abhängig von diesen, insbesondere von *China* und *Japan*, als Kunden für seine Quelle von Wohlstand, seinen Rohstoffen.

Seit der Bedrohung einer japanischen Invasion im zweiten Weltkrieg, hat sich die Nation weitgehend auf seinen großen Bruder *USA* verlassen, wenn es darum ging seine Sicherheit im pazifischen Raum zu gewährleisten. Die Lücke in der australischen Verteidigungspolitik wurde offenkundig, während der Unruhen in *Ost-Timor*, vor gut 10 Jahren, in welche *Australien* involviert war. Die Luftwaffe und Marine erwies sich als nicht in der Lage, die benötigte Ausrüstung dorthin zu befördern. Seitdem ist der Abstand in der Logistik, Technologie und Personal im Vergleich zu den asiatischen Mächten kontinuierlich größer geworden.

Die australische Marine kann die Aufgabe der Küstensicherung von immerhin 60.000 km, ohne die erforderlichen Seestreitkräfte, schlichtweg nicht bewältigen. Gegenwärtig stehen sich zwei Mächte Auge in Auge gegenüber, die wachsende Lücke der sich zurückziehenden US-Marine im Pazifik, zu füllen: *Japan* besitzt eine Marine, welche die zweitgrößte nach der der *USA* ist und *China*, eine Nuklearmacht besitzt die meisten Häfen in dieser Region. Im Auge zu behalten ist ebenso *Indien*, welches massiv am Aufbau seiner Marine arbeitet und *Russland* mit seiner nuklearen Flotte, gar nicht zu erwähnen. Dann ist da noch *Indonesien*, mit einer Marine, die vom Personal her *dreimal* so groß wie die *Australiens* ist.

In Angesicht dessen sollte Notiz genommen werden von einem weiteren Anwärter, der eine Scheibe von *Australien* abbekommen will. Dieser sieht *Australien* als ideales Sprungbrett zur Ausdehnung seiner Interessen in *Südostasien* an, und es handelt sich um *Deutschland*. Wer das nicht glauben kann, lese es auf der Seite ‚German-Foreign-Policy' nach. Dort steht dazu: *[...] für Berlin stellt das Land ein ideales Sprungbrett nach Südostasien dar, wo Berlin seinen Einfluss gegenüber dem verminderten Einfluss der USA und der Großmacht China, ausdehnen wolle. [...] (*Nov. 2003).

So macht sich, wohl überraschender Weise für *Canberra*, welches ganz auf *Asien* und insbesondere *China* fixiert ist, im Hintergrund der größte Handelsblock der Welt, die von Deutschland dominierte EU in der australischen Wirtschafts- und Finanzwelt breit, um daraus Nutzen für die eigene Expansionspolitik im Pazifik zu ziehen. Es sieht für die Zukunft wohl danach aus, dass *Australien* sich im Schussfeld zwischen den expandierenden europäischen und asiatischen Blöcken befinden wird.

Und wie steht es um das Schicksal von *Südafrika*? Ähnlich wie auch in den angelsächsischen Nationen kam die Abwendung von Gottes Weg und es hielten Pornographie, Abtreibung, Gewalt und moralischer Verfall Einzug in das Land. Und die Flüche kamen überreichlich z. B. in Form des HIV-Virus, das sich in dramatischer Weise im Land ausbreitet. Ebenso nahm die Kriminalität, insbesondere Mord, in einer Wiese zu, wie man das so, nur aus den *USA* kennt. Nach der Machtübernahme *Mandelas* kam es allein zu 13.000 politisch motivierten Morden und zu 60.000 weiteren Morden. So lautete eine Schlagzeile im ‚Daily Telegraph' *v*om Oktober 1996: unter der Überschrift:

Südafrika führt die Welt nach Morden an

„Eine Mordrate von 53 Menschen pro Tag im letzten Jahr [...] mehr als das 80fache in *Großbritannien*, [...] mache Südafrika zum gewalttätigsten Land, außerhalb von Kriegsgebieten [...] alle 30 Minuten eine Vergewaltigung, alle 10 Sekunden wird ein Auto gestohlen und bewaffnete Überfälle gäbe es alle 11 Minuten" [...]

Im ‚Independent' stand am 29. August desselben Jahres: „Nach-Apartheid-Johannesburg: Wenn sie nicht ausgeraubt überfallen oder Ihres Auto bestohlen wurden, dann kennen sie jemanden, dem das passiert ist."

Laut ‚The Economist', vom 12. Oktober selben Jahres wurde *Südafrika* ebenfalls zu einem Umschlagplatz für Drogen aus *Lateinamerika* und *Asien* nach *Europa* und die Banken des Landes wurden ein beliebter Anlaufspunkt für Geldwäsche. Das Blatt berichtet ebenso, dass auch psychische Erkrankungen wie Depressionen und Suizide dramatisch zugenommen haben.

Und wie sieht es für die *USA* aus? Heute sieht sich *Amerika* in alle nur möglichen Probleme verstrickt, sowohl innen wie auch außenpolitisch. Die *USA* haben, mit dem 2. Weltkrieg, ihren letzten Krieg gewonnen – selbst das kleine *Nordvietnam* hat die Supermacht erfolgreich in Schach gehalten.

Eine Staatsverschuldung von sage und schreibe 16 $ Billionen, wohlgemerkt deutsche, *nicht* amerikanische Billionen. Die Welt beobachtet dies alles, und keiner will mehr die wertlosen Dollars haben. Und so sehen immer mehr Nationen, die Chance sich gegen die *USA* zu erheben, während diese sich immer mehr verschuldet, und in nicht gewinnbaren Kriegen erschöpft.

An dieser Stelle eine Anmerkung dazu, dass die *USA* mit

dem 2. Weltkrieg ihren letzten Krieg gewonnen hätten. Wer sich mit der jüngeren Geschichte etwas näher befasst hat, wird bemerkt haben, dass es zwei Ausnahmen gibt, nämlich den *Golfkrieg von 1991* und den *Kosovokrieg* von 1999. Der Golfkrieg war jedoch kein US-Krieg, sondern es trat eine weltweite Koalition gegen den Irak an. Im Falle des *Kosovo-Krieges*, war die *USA* eigentlich nur der Handlanger, einer anderen, gerade im Aufstieg befindlichen Macht. Aber mehr dazu lesen Sie im Kapitel über *Assyrien*.

Die späteren Kriege in *Afghanistan* und *Irak*, kann man nicht als gewonnen betrachten, denn abgesehen davon, dass es den US-Streitkräften gelungen ist, in die Länder einzumarschieren, waren beide Kriege ein Desaster. Und im Fall von *Libyen* waren die *USA* nicht einmal in der Lage selbst einzugreifen, sondern delegierten den Einsatz an ihre Verbündeten. In den Kriegen gegen den *Irak* 2003 und *Libyen* ging es in Wirklichkeit um das Überleben des Dollars als Weltreservewährung.

Denn sowohl *Saddam Hussein* wie auch *Muammar al-Gaddafi* hatten vor, eine Euro-Ölbörse zu eröffnen. Dazu müssen Sie wissen, dass der Dollar durch überhaupt nichts gedeckt und stattdessen an den Ölpreis gekoppelt ist. Jeder, der an der Rohstoffbörse in Amsterdam Öl kaufen will, muss dafür zunächst US-Dollars einkaufen. Das will aber kaum noch jemand, denn der Dollar ist, durch inflationäre Gelddruckerei, inzwischen nicht einmal mehr das Papier wert, auf dem er gedruckt ist.

Deshalb gibt es die Vereinigung der *BRICS-Staaten* (*Brasilien, Russland, Indien, China* und *Südafrika*), die untereinander ihren Handel entweder in ihren Landeswährungen, oder Gold abwickeln oder einfach im bilateralen Tausch. Auch der *Iran* ist diesem Bund beigetreten, nachdem er zuvor angekündigt hatte, kein Öl mehr gegen Dollars zu verkaufen. Also iranisches Atomprogramm hin oder her, auch in diesem Fall geht es zumindest *auch* wieder um Öl.

Die *68. UN-Vollversammlung* im September 2013 glich einem Tribunal gegen die *USA*. *Evo Morales*, kolumbianischer Präsident, beschuldigte die *USA* der Finanzierung von Oppositionellen und Terroristen in Ländern an deren Öl sie gelangen wollten. Er forderte auch, dass die *USA* wegen ihrer weltweiten Spionage vor ein internationales Gericht gestellt werden müssten.

Dilma Rousseff, Brasiliens Präsidentin, legte *Obama* nahe sich vor der Welt zu entschuldigen. Dieser lehnte dies jedoch ab und hielt eine Lobrede auf die amerikanische Einzigartigkeit. Sie bescheinigte der UN auch Legitimationsdefizite.

In einem Artikel der Zeitung ‚Junge Welt' vom 27. September 2013, stand zusammengefasst, unter der Überschrift:

Lateinamerikas Präsidenten machen UN-Vollversammlung zum Tribunal gegen US-Aggres-sionen

Regierungschefs aus *Lateinamerika* hätten die UN-Vollversammlung in *New York* als Bühne zur Vor-stellung ihrer Alternativen genutzt. Die Präsidenten von *Argentinien, Bolivien, Brasilien, Uruguay* hätten in der Generaldebatte Reformen der UNO gefordert und die Spionageaktivitäten der *USA* angeprangert.

„Wie kann die UNO weiterhin ihren Sitz in einem Land haben, das sie ausspioniert, die Souveränität ihrer Mitglieder nicht respektiert und seit Jahren – wie im Fall der Blockade gegen *Kuba* – ihre Beschlüsse missachtet", habe *Morales* in die Runde gefragt.

Zum Auftakt der alljährlichen Generalversammlung, hätte *Brasiliens* Präsidentin *Dilma Rousseff*, vor den Delegierten aus 193 Mitgliedsstaaten, scharf die Spionagepraxis der US-Geheimdienste gegeißelt. Die Gemeinschaft der Völker dürfe eine derartige „Verletzung des Völkerrechts und die Missachtung der Souveränität unabhängiger Staaten nicht hinnehmen", sagte sie und forderte von den *USA* eine Entschuldigung sowie eine Vereinbarung zum Verbot derartiger Spionageaktionen. Ebenso hätten viele Staatschefs, angesichts der wiederholten Missachtung internationaler Rechtsnormen durch die *USA* gefordert, den UNO-Sitz in ein Land zu verlegen, das die Souveränität aller Mitglieder respektiere.

Von allen Seiten, nicht nur den *BRICS-Staaten*, wird auf die *USA* geschossen, wenn auch bislang nur im übertragenen Sinne, und ihre Führungsrolle wird abgelehnt. Zeitgleich verschlechtert sich auch das *deutsch-amerikanische Verhältnis* rapide. Und die *USA* selbst, ermutigen ihre zukünftigen Feinde auch noch zu ihrem tun, wie ein Artikel der ‚New York Times' vom 22. Juni 2011 berichtete.

Darin wird gesagt, das amerikanische Politiker, *Europa* regelmäßig dazu aufrufen, mehr Geld in die Verteidigung zu investieren, und das obwohl das *gesamteuropäische* Budget mit 380 Mrd. Dollar nahe am Verteidigungsbudget der *USA*, nach dem 11. September ist. Obwohl das Problem vor allem darin bestehe, wie man das Geld ausgebe, z. B. durch Verschwendung für entweder überflüssige oder doppelte Entwicklungsprogramme, würde sich das nicht ändern bis in der EU der Wille zum Wandel gekommen sei. Die EU sei aber bereits verstärkt in der Lage sich selbst zu verteidigen, eigene militärische Operation wie 27 Verlegungen von Truppen aus *Asien* nach *Afrika,* würden das beweisen.

Europa hat bereits mehr Soldaten als die *USA*, *Deutschland* ist der drittgrößte Waffenexporteur der Welt und alles was es tun muss um diese für Europa zu nutzen, ist einfach über Nacht aufhören diese Waffen zu verkaufen. Es hat außerdem das größte stehende Heer in der EU und hat die *Bundeswehr* von der Wehrpflicht auf eine Berufsarmee umgestellt.

Wer das nicht glaubt, kann sich davon auf der Seite ‚globalfirepower.com' überzeugen. Rechnen sie einfach alle Daten für die europäischen Länder zusammen und vergleichen sie dies mit den Angaben zu den *USA*. Wenn die Europäer alle ihre militärischen Mittel vereinen würden, so würde dies die *USA* bei weitem übertreffen. Es ist nur eine Sache des Willens, des Drucks der Umstände und der Organisation. Mit dem Organisationstalent der Deutschen. wird es kein Problem sein, diese Aufgabe zu meistern. Und es ist bereits im Gange. Aber dazu mehr im nächsten Kapitel.

Es gibt auch Menschen in den *USA*, die erkennen was vor sich geht. Die sagen z. B. wie *Stephen Flurry*, bei einer Rede vor Studenten des ‚Armstrong Auditoriums': Sehen Sie sich *Deutschland* heute an, und sehen Sie den Aufstieg aus der Asche des 2. Weltkrieges. Die exportorientierte deutsche Wirtschaft boomt. [...] Das deutsche BIP wächst weiter, aufgrund der beliebten Exportgüter. [...] US-Präsident *Barack Obama* sagte, auf dem G20-Gipfel in Süd-Korea: *„Wir können nicht eine Situation weiter aufrecht erhalten, in der einige Nationen massive Überschüsse haben."* Und wie hat *Deutschland* auf den Druck der Supermacht reagiert? Es hat ihn einfach verworfen! Und dann begonnen, die *USA* für ihre eigenen Probleme und Sünden, ihre minderwertigen Produkte und ihre massive Staatsverschuldung zu Recht zu weisen.

Es war atemberaubend, wie die deutsche Kanzlerin sagte, dass es nicht angebracht sei, so etwas ins Feld zu führen. Sie sagte: *„In der Aufgabe die vor uns liegt, muss der Maßstab sein, welches Land am wettbewerbsfähigsten ist und nicht der kleinste gemeinsam Nenner."* *Deutschlands* Botschaft hätte nicht deutlicher sein können: Wir folgen eurer Führung nicht mehr! [...] Der deutsche Finanzminister *Wolfgang Schäuble* zum letzten Konjunkturpaket: *„Es ist widersprüchlich, wenn* *die Amerikaner die Chinesen der Manipulation der Wechselkurse beschuldigen, um dann den Dollar durch Geld drucken, künstlich hoch zu halten."*

Amerika druckt einfach immer mehr Geld um seine Schulden zu finanzieren. Nur um den Dollar im Umlauf zu halten und zwar zu viele davon. Währenddessen reduziert *Deutschland* seine Schulden. Es nimmt kurzfristige Opfer in Kauf um sich für eine schwierige Wegstrecke vorzubereiten. Sie bereiten sich auf Dominanz vor. Und die Art und Weise wie sie mit uns reden, zeigt wie stark sie sich bereits wähnen oder gar wirklich sind. Wer hätte sich das vor fünf Jahren vorstellen können? Oder wer hätte sich es überhaupt, jemals vorstellen können?

Aber nicht nur in *Deutschland, Europa* und im *Nahen Osten* ist man der *USA* überdrüssig, wie es in einem Artikel von ‚Fox News' am 13. Oktober 2013 steht: [...] „*Chinas* offizielle Nachrichtenagentur ruft dazu auf, die Welt zu ‚de-amerikanisieren'. In einem glühenden Editorial, charakterisiert es die *USA* als „verrückte und scheinheilige Nation, die für ihre eigenen Zwecke, Chaos in die Welt bringt." [...]

Zu dem gescheiterten Raketenabwehrschirm in *Osteuropa* war im ‚Spiegel' zu lesen, „*Russland* werde diese Entscheidung weniger als Geste eines Zugeständnisses, sondern als Zeichen der Schwäche werten". ‚Die Welt' meint am selben Tag, „das Problem sei, dass es einige in *Mitteleuropa* enttäuscht hat und die Menschen Angst haben, wieder verkauft zu werden.“ Die ‚Financial Times Deutschland’ schrieb, „dass man daran sehen kann wie riskant Obama’s Wette ist, wenn man sieht, wie in Moskau Ende des Raketenschildes gefeiert wurde. In der Sprache der Außenpolitik, hat er Verbündete vor den Kopf gestoßen, die *Tschechei* und *Polen* welche das Storno als Verrat ansehen.“

Zum Libyenkrieg sah, laut ‚Deutscher Welle’ vom März 2011, die US-Haltung wie folgt aus: [...] die amerikanische Außenministerin *Clinton* habe in einem Gespräch mit Kollegen aus der *Türkei, Großbritannien* und *Frankreich* klargestellt, dass die *USA* sich aus der Verantwortung zurückziehen wollen und sich die Verbündeten einigen sollen.[...]

Laut dem ‚Spiegel’ vom 21. März, sei es so abgelaufen, dass seit dem Wochenende Bomben auf *Libyen* fallen. Doch wie es weiter gehen solle, das wisse niemand. Die Nato zanke über das Kommando, die internationale Kritik an den Luftschlägen nehme zu und die Bundesregierung fühle sich in ihrer Zurückhaltung bestätigt. Nach einer gezielten Strategie sehe das nicht aus – im Gegenteil.

Zu den Problemen mit *Syrien* und *Iran* war ebenfalls Interessantes zu lesen. ‚Die Welt’ schrieb am 5. Oktober 2013:

Deutschland könnte Vermittlerrolle zukommen

Der syrische Präsident *Baschar al-Assad* hat in einem Interview mit dem ‚Spiegel’ auf eine Frage des Nachrichtenmagazins für eine mögliche Vermittlerrolle *Deutschlands* geantwortet. „Ich würde mich freuen, wenn Gesandte aus Deutschland nach *Damaskus* kämen, um mit uns über die wahren Verhältnisse zu sprechen [...] Sie können dann hier Überzeugungsarbeit leisten", sagte *Assad*. „Wenn sie mit uns reden, heißt das *nicht*, dass sie unsere Regierung unterstützen." *Deutschland* und *Österreich* hätten ‚noch den objektivsten Blick' auf die Geschehnisse in der Region.

Am selben Tag, rief der iranische Präsident *Hassan Rowhani Deutschland* dazu auf, eine „positive und konstruktive Rolle" in den Verhandlungen in *Geneva*, nächste Woche zu spielen. Und nach und nach scheinen weitere Nationen, auf diesen Zug aufzuspringen. Die ‚Jerusalem Post' schrieb im September 2009, dass Jedermann Nein sage, zu Präsident *Obama*, dieser Tage. Aber es ist nicht nur dass sie Nein sagen, sondern auch wie.

Die *Saudis* hätten zweimal Nein gesagt zur Frage der Vorschläge zur Normalisierung der Beziehungen zu *Israel*. Die *Nordkoreaner* hätten Nein gesagt zu Gesprächen über die Tests von Raketen. *Russland* und *China* blieben beim Nein zu härteren Sanktionen gegen den Iran. Die *Iraner* sagen Nein zu dem Stopp der Urananreicherung. Palästinenserpräsident *Abbas* sage Nein dazu, *Netanjahu* zu treffen, bis *Israel* alle Siedlungsaktivitäten stoppe, und genau dazu sagen die Israelis Nein.

Am 10. Jahrestag des 11. Septembers schrieb der ‚Spiegel', „dass es die Geschichte vom Niedergang der *USA* als Supermacht sei". *Amerika* sei lange im *Irak* in der Falle gewesen, wo der Sieg lang auf sich warten haben lasse und nie ein echter war. Es sei nun in *Afghanistan* gefangen, wo ein Sieg nicht mehr möglich zu sein scheine. Die *USA* seien ein tief gespaltenes Land, im Krieg mit sich selbst, und haben sich vom Rest der Welt entfremdet.

Und zur *USA* noch einen letzten, aber wichtigen Punkt. Die *USA* haben ihre ‚Monroe-Doktrin' aufgegeben. Dies verkündete US-Außenminister *Kerry*, am 18. November 2013. Die 200 Jahre alte Monroe-Doktrin besagte, dass jeder Versuch europäischer Mächte, sich in der Hemisphäre des amerikanischen Kontinents auszubreiten, als Kriegserklärung gegen die *USA* zu werten sei. Der Geist dieser Doktrin, wurde vom ehemaligen Verteidigungsminister *Caspar Weinberger* entwickelt und besagt, dass keine Einmischung, Sponsoring oder militärische Aktivitäten anderer in dieser Hemisphäre zu dulden sei.

Auch in dieser Angelegenheit, gab es im letzten Jahrhundert Spannungen mit dem *Deutschen Reich*. Es ging um die ‚Venezuela-Krise' vom Dezember 1902. Damals blockierten *Deutschland, Italien* und *Großbritannien Venezuela*, um so die Rückzahlung von Schulden zu erzwingen. US-Präsident *Roosevelt* wusste, dass die *Briten* die Doktrin respektieren würden, aber war argwöhnisch gegenüber den *Deutschen*. Denn Admiral *Tirpitz* verlangte sogar nach Marinebasen in der Karibik. Und so ließ *Roosevelt* ein groß angelegtes Marinemanöver durchführen. Obwohl das *Deutsche Reich* die damalige Navy hätte bezwingen können, wich es zurück, weil es seine Flotte als nicht gut genug vorbereitet erachtete. Aber ob *Deutschland* sich diese sich nun bietende Chance entgehen lassen wird ...

Und wie steht es um die Zukunft des Staates *Israel*? Wie wird sich das deutsch-israelische Verhältnis entwickeln? Die schwedische Zeitung ‚The Local' schrieb dazu am 23 Mai 2012, dass eine große Mehrheit der Deutschen, Israel als aggressiv ansehe und meine, *Deutschland* hätte nicht länger spezielle Verpflichtungen gegenüber der jüdischen Nation. Eine Umfrage habe gezeigt, dass

- 59 % aller Befragten *Israel* als aggressiv ansehen,
- 70 % meinten, dass *Israel* seine Interessen verfolgt, ohne sich mit anderen Nationen zu beraten und
- 60 % sind der Auffassung, das *Deutschland* keine

besonderen Verpflichtungen *Israel* gegenüber, mehr habe.

‚Deutsche Welle' schrieb zu diesem Thema am 26. Mai, dass zwar die deutsche Kanzlerin die Sicherheit Israels als nationales Interesse *Deutschlands* betrachte, *aber* die deutsche Bevölkerung, hätte dass bereits vor langer Zeit abgelegt. Israel habe stark an Respekt unter den Deutschen verloren.

„Freundschaft zwischen *Deutschland* und *Israel* existiere nicht", bemerkte der Historiker *Michael Wolfsohn* sachlich. „Ein Empfinden von Distanz sei zwischen den Nationen erwachsen, klar erwiesen in Umfragen", bemerkte er bei einer Podiumsdiskussion in *Berlin*. „Israel ist inzwischen einer der unpopulärsten Staaten in der Welt, in den Augen der Deutschen", sagte *Wolfsohn*. „Junge Deutsche hätten insbesondere eine kritische Distanz zu Israel entwickelt".

Und zu guter letzt muss sich Israel auch noch damit befassen, dass sein bisheriger, Beschützer, die *USA*, es wohl nicht länger wird beschützen können. Mal sehen wer vom ‚Hause Israel' zuerst bei *Assur* klingelt und um Hilfe bittet ...

Assyrien – Das Werk der Hände Gottes

Assyrien bedeutet ‚Land von Assur'. ‚Assur' bedeutet ‚Stärke' oder ‚Kraft'.

‚Assur' kann sich in der Bibel auch auf Krieger beziehen, aber auch auf die Nachfahren, und das gesamte Reich von *Assyrien*. In **1. Mose 10:21-22** finden wir, dass der Mann *Assur*, ein Sohn *Sems* und damit ein Enkel *Noahs* war. *Assur* war somit semitischen Ursprungs.

Die Geschichte berichtet, dass die *Assyrer* eine gewaltige und Krieg führende Nation waren. Sie waren für ihre perfekte Organisation und ihre äußerst gut funktionierende Kriegsmaschinerie berühmt, aber auch für ihre Grausamkeit und Unbarmherzigkeit gegenüber den Gegnern.

Interessant ist auch, das Aussehen der *Assyrer*. Die *Griechen* unterschieden die *Assyrer* von den dunkleren Aramäern oder Syrern, indem sie diese ‚Leucosyri', d.h. ‚weiß' bzw. ‚blond', nannten, wie alte griechische Schriften bezeugen.

Im Jahre 612 v. Chr. fiel die Hauptstadt *Ninive*, im heutigen Irak, in babylonische Hände und wurde total zerstört. Das Buch *Jona* warnt vor der Zerstörung *Ninives*, die aber aufgrund der Reue der *Assyrer*, zunächst noch nicht eintrat. Doch später verfielen die *Assyrer* wieder in ihre alten Werke, so dass Nahum, in seinem Buch, von der seiner endgültigen Zerstörung berichtet. Einige *Assyrer* blieben in ihrem Land, dem heutigen *Irak*. Andere *Assyrer* wanderten nach Osten, dem heutigen *Iran*, aus. Aber der Großteil aller Assyrer, verließ den Orient und zog zunächst in Richtung *Kaukasus*, zwischen schwarzen und kaspischen Meer. Wieder später, dann von dort aus durch Georgien, die *Ukraine* und *Polen* bis weiter ins Gebiet des heutigen *Deutschland* und *Österreichs*.

Zunächst blieben sie aber noch für viele Jahre, immer noch an der Südküste des Schwarzen Meeres ansässig. Dies berichtet Herodotus, der sie im Jahre 480 v. Chr. auf Seite der Perser gegen die heranstürmenden Griechen kämpfen sah. Nach der verheerenden Niederlage der Perser, setzte eine große Migrationswelle der Assyrer von der Südküste hin zur Nordküste des Schwarzen Meeres ein. Diese Gegend war als Skythien bekannt. Da man sie fortan als Skythen bezeichnete, ging man wohl davon aus, dass sie schon immer hier ansässig waren und so ging das Wissen um ihre originäre Identität verloren. Für die Griechen und Römer, war Skythien eine Gegend jenseits der Zivilisation, die überwiegend aus Steppe bestand. Von diesen beiden Völkern wurden die dort Lebenden einfach als Skythen bezeichnet.

Allerdings lebten dort nicht nur die emigrierten Assyrer, die nun zu Kaukasiern wurden (daher stammt auch die ethnische Kategorie für Menschen weißer Hautfarbe), sondern auch mongolische Stämme. Diese Unterscheidung fand jedoch in der Praxis keine Verwertung, man nannte sie einfach alle Skythen. Es ist davon auszugehen, dass die ebenfalls extrem kriegerischen mongolischen Stämme und der Stamm der Sarmaten, den Assyrern überlegen waren und ihnen das Land streitig machten. Diese sahen sich wohl dazu gezwungen, wiederum weit westwärts zu ziehen, bis ins Herz Europas. Und im 3. Jahrhundert v. Chr. kamen sie da an, wo sich heute Deutschland und Österreich befinden.

Als diese Stämme, bislang als Skythen bezeichnet immer öfter in kriegerische Konflikt mit den Römern gerieten, gab man ihnen einen neuen Name: Germanen – Männer des Krieges. Und bevor der deutsche Rationalismus an den Akademien eingeführt worden war und die biblischen Aufzeichnungen verworfen wurden, war man sich der Tatsache, dass die Germanen aus der Kaukasusregion eingewandert waren auch noch bewusst.

Die Germanen, Vorfahren u. a. auch der *Deutschen*, verehrten *heidnische* Götter. Ihr Hauptgott war ‚Tieu', der Gott des Krieges, auch besser als ‚Thor' bekannt. Hier könnte es sich um den Gott *Assur* handeln. In alten Handschriften wird Assur oft mit ‚Thur' bezeichnet, und *Assyrien* als ‚Athuria'.

Im Artikel ‚Germania' aus ‚Schmidts Klassisches Wörterbuch' steht, dass es keinen Zweifel daran gebe, dass die Germanen vom *Kaukasus* aus, nach *Europa* eingewandert seien.

Nachfahren *Assurs* sind z.B. die *Almani*. Schon die *Römer* bezeichneten einen germanischen Stamm mit ‚Allemanni', und noch heute wird *Deutschland* im Spanischen ‚Alemania', und im Französischen ‚Allemagne' genannt.

Der Sprachforscher *Edgar Sturtevant* hat die assyrische mit der germanischen Sprache verglichen und schreibt in seinem Buch ‚Vergleichende Grammatik', dass es ihm es unglaubhaft erscheine, dass sich beide Sprachen unabhängig voneinander entwickelt hätten. Er sehe sich gezwungen, das Germanische auf einen gemeinsamen Ursprung mit der Sprache der Hatti zurückzuführen, der Sprache der westlichen Assyrer.

An dieser Stelle sei erwähnt, dass das Wort Germanen sich nicht ausschließlich auf Deutsche bezieht. Es gab insgesamt zehn germanische Stämme, von denen nur einer deutsch wurde, und das waren die *Allemannen*. Die beiden deutschsprachigen Nationen *Deutschland* und *Österreich* gehen auf diesen Germanenstamm zurück. Die *Schweiz*, die auch *französisch*- und *italienischsprachige* Regionen hat, geht hingegen auf den Stamm der *Burgunder* zurück.

Die Sprache der *Hatti* war indogermanisch und nicht semitisch. Viele Worte der *Hatti* findet man auch in der althochdeutschen Sprache wieder. Aber wer waren die *Hatti*? Im Lande der *Hethiter*, den Nachfahren *Kanaans*, lebten auch *Assyrer*. Die *Hethiter* hatten eine braune, gelbliche oder rötliche Haut, mit braunen Augen und schwarzen Haaren. Im Vergleich dazu waren die *Assyrer*, blond oder weiß. Der Name ‚Hatti' oder ‚Chatti' wurde auf *Hethiter* als auch auf *Assyrer* angewandt. Das Wort ‚Heth', und das Wort ‚Chatti' bedeuten dasselbe: ‚Krieger'. Das Wort ‚Germane' hat die gleiche Bedeutung: ‚ger' ist der ‚Speer', und ein ‚Germane' somit ein Mann mit Speer bzw. Mann des Krieges.

„Erbarmen, zu spät die Hesse komme!" Dieser Refrain aus dem Song ‚Die Hesse komme', von den *Rodgau Monotones*, ist zwar humoristisch gemeint, aber es gibt doch, wie so oft, einen wahren Kern, wie Sie im Folgenden sehen werden.

In der ‚Encyclopedia Britannica' steht, dass die *Hatti* ein Stamm unter den *Germanen* waren, die in *Europa* einfielen. In einem Artikel über die ‚Chatti' wird berichtet, dass sie ein alter, *germanischer* Stamm waren, der oft mit den *Römern* in Konflikt geriet. Es sind nicht alle Germanen Deutsche, aber die frühen Einwohner des Landes [Deutschland] waren die *Chatti*, die hier während des ersten Jahrhunderts lebten. Die *Chatti* und die modernen *Hessen* sind identisch, sowohl von der Sprache als auch von der Rasse her.

In dem Buch ‚The Germans: Double History of a Nation', ist zu lesen, dass die Römer sie Germani nannten, wegen ihrer kriegerischen Natur. Nicht ein einziger Nachbar der Germanen, habe jemals darauf vertrauen können, dass sie friedlich blieben. Egal, wie glücklich sie seien, ihre ruhelose Leidenschaft würde sie zu immer extremeren Ansprüchen beflügeln.

Die *Hatti* erfanden den Ausdruck ‚Herrenrasse'. Sie erfanden ebenso den *doppelköpfigen* Adler, das *eiserne Kreuz* und das *Hakenkreuz*. Auf antiken Abbildungen werden *Assyrer* mit Federschmuck und anderen Abzeichen dargestellt, die im D*ritten Reich* als Embleme auftauchen, wie das Hakenkreuz und die Doktrin der Herrenrasse, und die damit verbundene Barbarei während der Nazi-Herrschaft.

Dies ist keine so große Überraschung mehr, wenn man die Geschichte der *Assyrer* kennt. Denn schon diese waren, wegen ihrer Kriegslust und Grausamkeit bei den sie umgebenden Völkern, gefürchtet und verhasst. *James McCabe,* Autor von ‚History of the World' sagt, dass die *Assyrer* eine wilde, heimtückische Rasse gewesen seien, die sich an den Gefahren der Jagd und des Krieges erfreut habe. Die *assyrischen* Truppen seien gefürchtete Krieger des Altertums gewesen. Sie hätten niemals ihr ge-gebenes Wort gehalten, wenn es in ihrem Interesse gelegen habe, Verträge zu brechen, und seien infolge dessen von ihren Nachbarn mit Argwohn betrachtet worden. [...] In der Organisation und Ausrüstung ihrer Truppen, sowie in ihrem Angriffs- und Verteidigungssystem und in ihrer Methode, befestigte Orte einzunehmen, hätten die *Assyrer* eine klare Überlegenheit gegenüber den Nationen, von denen sie umgeben waren, bewiesen.

Leonard Catrell schrieb in seinem Buch ‚Anvil of Civilisation', dass es schwierig sei, in den Annalen der menschlichen Eroberung, ein Volk zu finden, das sich dem Blutvergießen und Morden mehr gewidmet habe als die *Assyrer*. Ihre Wildheit und Grausamkeit hätten wenige Parallelen, außer in der heutigen Zeit.

Und wie schon einst in der Antike, als *Assyrien* von Gott

völlig zerschlagen und vernichtet worden war, werden auch in der *Endzeit* die zuvor von *Assyrien* überfallenen, gequälten und ausgebeuteten Menschen sich über die Niederlage *Assyriens* freuen. Davon berichtet der Prophet **Nahum** in **Kapitel 3:** *Die Schuld Ninives und die Vergeltung Gottes*

Wehe der blutbefleckten Stadt, die voll ist von Lüge und Gewalttat, und die nicht aufhört zu rauben! Peitschenknall und lautes Rädergerassel, jagende Rosse und rasende Streitwagen! Stürmende Reiter, funkelnde Schwerter und blitzende Spieße! Viele Erschlagene und Haufen von Toten, zahllose Leichen, so dass man darüber strauchelt.

Siehe, ich komme über dich, spricht der HERR der Heerscharen, und will dir deine Säume übers Gesicht ziehen, so dass die Völker deine Blöße sehen und die Königreiche deine Schande! Und ich will dich mit Unrat bewerfen und dich beschimpfen lassen und zur Schau stellen, und es wird geschehen, dass alle, die dich sehen, von dir weg fliehen und sagen werden: Verwüstet ist Ninive! Wer will ihr Beileid bezeugen? Wo soll ich dir Tröster suchen? [...] Dein Unglück wird durch nichts gemildert; tödlich ist deine Wunde. Alle, die davon hören, klat-schen in die Hände über dich; denn über wen ist deine Bosheit nicht ohne Unterlass dahingegangen?

Das *summerische* Kreuz fand man auf militärischen Kriegsgeräten, nicht nur unter den Nazis, sondern auch schon im 1. Weltkrieg. Ebenso gehen auch die Planungen zur Erlangung der Weltherrschaft nicht nur auf die Nazis, sondern schon auf

Kaiser Wilhelm II. zurück. Ein Zitat des Kaisers: *„Ich habe in meinem Leben immer von fünf Männern geträumt und sie waren mein großes Vorbild. Alexander der Große, Cäsar, Karl der Große, Ludwig XIV. und Napoleon. Sie alle träumten von einem Weltreich. Ich meinerseits träume von einem deutschen Weltreich, und meine stählerne Faust wird Erfolg haben".*

Auch *Adolf Hitler* hatte *Napoleon* zum Vorbild und wollte ihn sogar noch übertreffen. Jedoch scheiterte er wo auch sein großes Vorbild einst scheiterte, vor den Toren *Moskaus*. Ein anderes Zitat des letzten deutschen Kaisers nach dem verlorenen ersten Weltkrieg, lautet: *„Ein Volk, welches vier Jahre lang, gegen eine Welt von Feinden standgehalten hat, und ohne den Eintritt der USA siegreich geblieben wäre, wird immer an der Spitze stehen!"* Und damit hat der gute Mann auch richtig gelegen, wie man kurz danach und auch heut zu Tage wieder sehen kann.

Die Reichskriegsflagge des *Dritten Reiches*, enthält sogar alle Kreuze in einem: *das summerische Kreuz, die Swastika bzw. Hakenkreuz und das eiserne Kreuz.* Letzteres gab es ebenfalls schon vor *Hitler* und ist noch heute das Symbol der *Bundeswehr*. Diese Symbole tauchten also nicht zufällig in unseren Breitengraden auf und haben ihren antiken Ursprung bei den *Assyrern* und *Chatti*.

Die Flagge des *‚Heiligen Römischen Reiches Deutscher Nation', gelber Grund mit schwarzem Doppelkopfadler, mit roten Greifen und Schnabel,* auf welche unsere Nationalfarben zurück gehen, ist keine Flagge einer demokratischen, sondern einer imperialen Tradition. Und last but not least, geht die Taktik des *Blitzkrieges*, der seitdem 2. Weltkrieg in aller Munde ist, ebenfalls auf die *Assyrer* zurück.

Es sollte Sie so nach diesen Fakten, nicht mehr verwundern, wenn sich der deutsche Wille zur Macht wieder zeigt.

M.H. Gayer verfasste 1941 das Buch mit dem Titel ‚Das Erbe der anglosächsischen Rasse'. Dort ist zu lesen, dass es bemerkenswert sei, dass die Deutschen, Nachfahren der Einwanderer sind, die ursprünglich aus Asien gekommen seien, und zwar aus dem Gebiet, das das *Assyrische Reich* gewesen sei.

Zwar geht die Flagge des deutschen *Kaiserreiches* auf die Zusammenlegung der Flaggen *Preußens* (schwarz & weiß) und *Brandenburgs* (weiß & rot) im Verlauf der Reichsgründung von 1871 zurück, aber es fällt auf, dass man im ehemaligen Gebiet der *Assyrer*, genau diese Farben in einigen Flaggen vorfindet. Diese Farben finden sich in den Flaggen vier *arabischer* Nationen wieder. Im Falle *Jemens* steht dabei die Fahne lediglich auf dem Kopf. In den anderen Fällen, wie *Syrien*, *Ägypten* und *Irak* wurde auf dem weißen Streifen noch etwas dazu gegeben. Der *Irak*, war die ursprüngliche Heimat der *Assyrer*. Die Geschichte von *Babylon*, des heutigen *Iraks* und *Assyriens* war auch eng miteinander verwoben.

Das heutige - scheinbar - freundschaftliche Verhältnis, zwischen *Deutschland*, dem *Staat* Israel sowie den *USA* und

Großbritannien, wird sich laut Bibel bald ändern. Dann wenn diese Staaten, bei den modernen *Assyrern* Hilfe suchen werden, und überrascht feststellen, dass *Assyrien*, gar kein Interesse am helfen hat, ganz im Gegenteil.

Im Buch **Hosea 5:9-14,** wird das vergebliche Unterfangen der modernen Israeliten und Juden, zum Zeitpunkt göttlicher Strafe, Hilfe bei menschlichen Mächten (*Assur*) erlangen zu wollen geschildert: *Ephraim soll zur Wüste werden, zur Zeit, wenn ich sie strafen werde. Davor habe ich die Stämme Israels treulich gewarnt. Die Oberen von Juda sind denen gleich, die die Grenze verrücken; darum will ich meinen Zorn über sie ausschütten wie Wasser. Ephraim leidet Gewalt, zertreten ist das Recht; denn es gefiel ihm, dem Nichtigen nachzulaufen.*

Ich bin für Ephraim wie eine Motte und für das Haus Juda wie eine Made. Als aber Ephraim seine Krankheit und Juda seine Wunde fühlte, zog Ephraim hin nach Assur und schickte zum König Jareb. Aber der kann euch nicht helfen noch eure Wunde heilen. Denn ich bin für Ephraim wie ein Löwe und für das Haus Juda wie ein junger Löwe. Ich, ich zerreiße und gehe davon; ich schleppe sie weg, und niemand kann sie retten.

Ein weiterer Weltkrieg ist prophezeit indem, die Deutschen mit Ihrem zuvor geschmiedeten Imperium den ‚Vereinigten Staaten von Europa', gegen die *USA*, *Kanada*, *Großbritannien*, *Australien* und *Neuseeland* und Israel kämpfen werden. **Hesekiel 23: 5-10:** *Ohola [Hauptstadt des Hauses Israel im Altertum] trieb Hurerei hinter meinem Rücken und entbrannte* *für ihre Liebhaber, für die Assyrer, die zu ihr kamen [...] Und sie buhlte mit ihnen, lauter auserlesenen Söhnen Assurs, und bei allen, für die sie entbrannte, machte sie sich auch unrein mit ihren Götzen [...] Da übergab ich sie in die Hand ihrer Liebhaber, der Söhne Assurs, für die sie entbrannt war. Die deckten ihre Blöße auf und nahmen ihre Söhne und Töchter weg; sie selbst aber töteten sie mit dem Schwert, und sie wurde zum Gespött unter den Frauen. So vollzogen sie das Gericht an ihr.*

Jesaja 8: 6-8: *[...] so wird der HERR über sie [Juda] kommen lassen die starken und vielen Wasser des Stromes, nämlich den König von Assyrien und alle seine Macht, dass sie über alle ihre Ränder fluten und über alle ihre Ufer gehen. Und sie werden einbrechen in Juda und wegschwemmen und überfluten, bis sie an den Hals reichen. Und sie werden ihre Flügel ausbreiten, dass sie dein Land, o Immanuel, füllen, so weit es ist.*

Das wir ähnliche Folgen haben, wie schon im 2. Weltkrieg, also Versklavung und Massendeportationen. *Assyrien*, oder anders gesagt das moderne *Deutschland*, als Führungsmacht der ‚Vereinigten Staaten von Europa', wird in die Gebiete der modernen *Israeliten* und *Juden* einmarschieren, und israelitische wie auch jüdische Kriegsgefangene, werden deportiert werden.

„Der Tod ist ein Meister aus Deutschland" - Ein Zitat aus dem Gedicht ‚Todesfuge' des Lyrikers *Paul Celan*. Es lohnt sich, diesen Satz zusammen mit der Rede *Otto von Bismarcks*,

im Gedächtnis zu behalten. *Bismarcks* „Blut und Eisen" Rede (1862): [...] Nicht durch Reden und Majoritätsbeschlüsse werden die großen Fragen der Zeit entschieden – das war der große Fehler von 1848 – sondern durch Eisen und Blut." [...]

Gott scheint also genau zu wissen, wen er dafür benutzt um sein ungehorsames Volk zu bestrafen. Auch ist es Gott, welcher ein Auge darauf hat, das es alles so kommen wird. Im Buch **Jesaja 10:5-7** steht hierzu: *Wehe Assyrien, der Rute meines Zorns, der in seiner Hand den Stock meines Grimms trägt! Gegen eine gottlose Nation werde ich ihn senden, und gegen das Volk, dem ich zürne, will ihn aufbieten, damit er Beute macht und Raub holt und es zertritt wie Dreck auf der Gasse! Aber er meint es nicht so, und sein Herz denkt nicht so, sondern er nimmt sich vor, Völker umzubringen und auszurotten, und zwar nicht wenige.*

Es ist wichtig zu verstehen, dass es diesmal nicht alleine *Deutschland* sein wird, von dem diese Handlungen ausgehen. Denn zuvor wird *Deutschland* über seinen Einfluss in der EU, die ‚Vereinigten Staaten von Europa' entstehen lassen. Es wird ein Zusammenschluss der zehn *stärksten* Euro-Nationen werden. Die große Machtfülle wird dadurch zustande kommen, dass alle Kräfte, politisch, wirtschaftlich und militärisch unter einen Hut gebracht werden.

Die deutsche Elite hat aus den Niederlagen, in den beiden Weltkriegen gelernt, dass die Eroberung *Europas*, militärisch nicht zu erreichen ist. Und für diejenigen Leser, die daran

Zweifel haben, hier einige Zeitungsartikel. Zunächst nur eine fulminante Überschrift vom ‚Daily Telegraph', 21 Juli 2011:

Die Eurokrise wird Deutschland das Imperium geben, von welchem es immer geträumt hat

Und nun die ‚Mail Online' 17. August 2011:

Aufstieg des 4. Reichs - Wie Deutschland die Eurokrise nutzt, um Europa zu erobern

Deutschland lag 1945 in Ruinen [...] aber danach investierte es Fertigungsanlagen und Bildung erster Klasse [...] Über die nächsten 60 Jahre gewann es den Frieden, wie es vorher den Krieg verloren hat. [...] Habt keinen Zweifel daran was eine *Fiskalunion* bedeuten wird: Eine Wirtschaftspolitik, ein Steuersystem, ein System der sozialen Sicherheit, eine Verschuldung, eine Wirtschaft, ein Finanzminister und alles wird *deutsch* sein. Das bedeutet eine komplette Fiskalunion in welcher *Deutschland,* als stärkste Wirtschaft und prinzipieller *Zahlmeister,* die Regeln macht und diese werden dann *unumstößlich* sein." [...]

Hier eine Zusammenfassung, eines Artikels vom ‚Spiegels' vom 27. November 2010, unter der Überschrift:

Finanzexperten fürchten den D-Mark Alptraum

Es heißt darin, dass ein Schreckensszenario in *Europa* die Runde mache. Man frage sich, ob die Euro-Union auseinander breche und ob die Länder zu ihren alten Währungen zurückkehren würden Die Wahrscheinlichkeit sei zwar eher gering, aber trotzdem seien Experten alarmiert. Ein Comeback der nationalen Währungen hätte fatale Folgen, ganz besonders für *Deutschland*.

Es wird gefragt, was bei einem Euro-Crash passieren würde und ob in *Deutschland* die guten, alten *D-Mark* Zeiten zurückkehren würden oder ob stattdessen Chaos und wirtschaftliche Depression drohen würden Die Vorbereitungen einer Währungsumstellung, würden viel Zeit Anspruch nehmen und der volkswirtschaftliche Schaden durch Transaktionssteuern, wäre enorm, denn es müssten riesige Mengen neues Geldes gedruckt und geprägt werden.

Dies sei zwar auch bei der Umstellung von *D-Mark* auf Euro der Fall gewesen, aber dies sei lange geplant worden. Die Serienproduktion des Euro hätte bereits 1999 begonnen, aber erst 2002 sei er offizielles Zahlungsmittel geworden. So viel Zeit und Ruhe, hätte man dieses Mal aber nicht.

„Vor allem für die deutsche Exportwirtschaft, wäre die Wiedereinführung der *D-Mark*, ein Tief-schlag", habe *Friedrich Heinemann* vom ZEW gesagt. Es würde *deutsche* Waren im Ausland, drastisch verteuern. Siemens Aufsichtsratchef *Gerhard Gromme*, habe die Krise mit drastischen Worten beschrieben: „Die Kurse würden so hoch schießen, dass wir als Industrie, draußen in der Welt, nichts mehr verkaufen könnten."

Sollte die *deutsche* Exportwirtschaft zusammenbrechen, hätte dies auch Folgen für den Arbeitsmarkt. Experten rechnen mit einem gewaltigen Jobkahlschlag. Hinzu komme, dass die Wiedereinfüh-rung der *D-Mark*, die Finanzmärkte ins Chaos stürzen würde. Denn alle großen, deutschen Banken, würden derzeit Staatsanleihen anderer EU-Staaten halten, natürlich in Euro. Und last but not least, die Niederlage des Euro, sei zugleich der Sieg des Dollar. Er wäre weiterhin die konkurrenzlose Weltreservewährung.

Laut einem Artikel der ‚Zeit' vom 9. Dezember 2011, hängt nun alles an der ‚eisernen' Kanzlerin:

Merkels historische Verantwortung

Deutschland würde die Führung in Europa übernehmen und sei nun, zum Erfolg verdammt. Mit *massiven* Druck und Nicolas *Sarkozy*, hätte Merkel die übrigen Euro-Staaten und auch die Mehrheit der Nicht-Euro-Länder dazu gebracht, sich dem Plan, einer Fiskal- und Stabilitätsunion zu beugen. Nur der britische Premierminister *Cameron*, habe sich dem verweigert. *Großbritannien* habe sich durch sein Nein, noch weiter vom Kontinent entfernt. Das würde der britischen Wirtschaft auf Dauer mehr schaden, als dem Rest der EU.

Deutschland sei zur entscheidenden Führungsmacht in der EU geworden. Die Kanzlerin, von einigen zum neuen Bismarck stilisiert, von anderen als Diktatorin verfemt, hätte Führungsstärke bewiesen. Sie habe die Chance, der tiefsten Krise der Gemeinschaft genutzt. Unter den Märkten hätte sich die Einsicht durchgesetzt, dass wer mit demselben Geld zahlt, auch gemeinsam wirtschaften müsse.

Ich mache es wirklich nur äußerst ungern, aber da die

‚BILD' es nun mal versteht, den Nerv der Zeit zu treffen, fasse ich hier auch einen Artikel vom selben Tag zusammen:

Der Euro ist wichtiger als die Briten

Es sei gekommen, wie es kommen musste. Auch das Machtduo aus Kanzlerin und *Sarkozy*, hätte die 27 EU-Staaten, nicht alle im Boot halten können. Der große Gegenspieler, sei der britische Premier *Ca-meron* gewesen. Und am frühen Morgen hätten *Merkel* und *Sarkozy* gesagt, dann eben ohne euch, der Euro ist uns wichtiger.

Die Klarheit dieses Kurses, hätte sechs Nicht-Euro-Staaten, z. B. *Polen* und *Dänemark* überzeugt, die nun mitmachen wollten, beim Euro-Pakt, obwohl sie den Euro noch gar nicht hätten. Sie wollten sich die Tür offen halten, die *Großbritannien* in der Nacht, wohl *endgültig* zugeschlagen habe.

Der Euro wird weiter bestehen bleiben, weil er ein Leim ist, der die europäischen Staaten aneinander halten soll und durch die Eurokrise soll die politische Union der Staaten erzwungen werden. Hierzu zwei Zitate der „eisernen" Kanzlerin *Angela Merkel: „Wenn der Euro fällt, fällt Europa!"* sagte sie am 12. Januar 2012 und am 3. November 2011 verkündete sie gemeinsam mit *Sarkozy*: *„Wir lassen uns den Euro nicht kaputt machen!".* Hier noch zwei weitere, sehr interessante Entwicklungen, zunächst von der ‚Deutschen Welle' am 11. Feb. 2011 unter der Überschrift:

Wall Street bald in deutscher Hand?

Wall Street sei das Synonym für den amerikanischen Kapi

talismus. Seit über 200 hundert Jahren, würden dort Aktien gehandelt und nun kämen die Deutschen? Wie viele Nachrichten an der Börse, auch diese überraschend gekommen. Am vergangen Freitag, sei es über die Ticker gegangen, dass die Wall Street, über einen Zusammenschluss mit der Deutschen Börse verhandeln würde. Zuerst hätten die Händler gemeint, die New Yorker Börse schlucke die Deutsche Börse. Aber dann hätten sie gemerkt, dass es anders herum sei.

Und unter der Überschrift: **Deutsche und New Yorker Börse besiegeln Fusion** schrieb der ‚Spiegel' am 15. Februar 2011 dazu, dass beide Seiten jetzt offiziell zugestimmt hätten. Die Börsen in *Frankfurt* und *New York* würden fusionieren, und die Deutschen seien dabei der Seniorpartner und wollten von nun den Weltmarkt dominieren. Dadurch entstehe der weltweit größte Handelsplatz für Aktien und Derivate, mit einem Kapitalwert von ca. 26 Mrd. $. Die beiden Börsen würden den Aktienhandel in *Europa* und *Nord-amerika* beherrschen und verfügten über Marktplätze in *Frankfurt, New York, Paris, Amsterdam* und *London*. Die Aktionäre, gewichtigeren Frankfurter Börse, würden 60% am gemeinsamen Unternehmen halten, die Deutschen bekämen außerdem auch 10 der 17 Posten im Verwaltungsrat. Deutsche Börse Chef *Reto Francioni,* würde der Vorsitzende des Verwaltungsrats werden.

Aber die deutschen Absichten gehen noch viel weiter, quasi bis ans andere Ende der Welt. Am 4. Februar 2013 schrieb die ‚Trumpet' unter der Überschrift: **Australien – Deutschlands strategischer Partner im Pazifik**

Deutschland verstärke seine Verbindungen mit *Australien* als ein Sprungbrett, um seinen Einfluss in der *Pazifikregion* auszuweiten. Dies geschehe bereits zum dritten Mal, seit der Unterzeichnung der Initiative für eine Handelsallianz 1995. Die Deutschen wollten ihren westlichen Außenposten dort, als Hauptquartier für ihre Operation im ‚Cash-For-Money-Deal' nutzen.

Als Resultat hätten sich die deutschen Investitionen mehr als verdoppelt. *Deutschland* begann *Australien* mit Produkten zu fluten und wurde der drittgrößte Importeur nach den *USA* und *Japan*. Unter Berücksichtigung des 2. Weltkrieges, sei es paradox, dass *Deutschland* mehr Waren nach *Australien* exportiere, als *Großbritannien*. Im Jahr 2011 wurde sogar ein Plan für gemeinsame Sicherheits- und Verteidigungsbemühungen besprochen. In Laufe dieses Prozesses sei dann das ‚Canberra-Berlin-Statement' unterzeichnet worden.

So benutze *Deutschland* seine Nachkriegstaktik erst Abhängigkeiten zu schaffen, um die wahren Motive zu verstekken, welche darin bestünden, den politischen Einfluss in der Region auszudehnen. „Das Land ist ein ‚strategisches Trampolin' in den asiatisch-pazifischen Raum", erklärte *Guido Westerwelle,* bei der Unterzeichnung.

‚German-Foreign-Policy.com' schrieb am 31. Januar dazu, dass diese ‚strategische Partnerschaft' es Deutschland ermöglichen würde, mehr Einfluss auf Australien zu nehmen als bisher, in der näheren Umgebung der unvermindert weiter aufsteigenden Volksrepublik China und so eine aktivere Rolle in zukünftigen Konflikten zwischen dem Westen und Peking, spielen zu können. Dieses Dokument enthalte auch Bezugnahmen auf militärische und politische Angelegenheiten in der Planung für eine ‚strategische Partnerschaft'.

Also für mich klingt sich das doch alles *eindeutig* nach Weltmachtsambitionen, was denken Sie? Im Lauf der Geschichte, haben mehrfach deutsche Führer auf dem „Thron des Tieres" gesessen, so dass die Wiederholung in der Endzeit keine Besonderheit darstellt. *Assyrische* Vorläufer auf diesem Platz waren *Otto der Große* (962 A.D. von Papst Johannes X zum Kaiser des ‚Heiligen Römischen Reiches Deutscher Nation' gekrönt; *Karl V.* (1530 von Papst Klemens VII gekrönt); und *Adolf Hitler*.

Die Leser, welche noch zweifeln, ob die *Deutschen* wirklich noch einmal zu einem Anlauf in Sachen Weltherrschaft im Stande sein sollte, will ich an eine Aussage der „eisernen" Lady von der Insel erinnern. In seinen Memoiren beschreibt der frühere Bundeskanzler *Kohl*, wie die britische Premierministerin *Margaret Thatcher* beim Abendessen der, damals noch zwölf Regierungschefs, den Satz sprach: *„Zweimal haben wir die Deutschen geschlagen, jetzt sind sie wieder da"*.

Um aufzuzeigen, von wo sich *Deutschland*, nach dem Krieg, wie der sprichwörtliche ‚Phönix aus der Asche', wieder zur

Spitze vor gearbeitet hat, hier eine Beschreibung *Deutschlands* direkt nach dem 2. Weltkrieg aus der ‚Plain Truth' vom Aug. 1959: [...] „*Deutschlands* verheerende Vernichtung [...] war eine der schlimmsten Niederlagen, die je einer Nation zugefügt wurde. [...] Jedes vierte Haus in ganz *Deutschland* war zerstört. Die meisten Städte waren zu 80 Prozent zerstört. Köln und Essen waren zu 90 Prozent zerstört. Von 29 Brücken, die den Rhein überspannten, waren alle zerstört. Der Anblick von Trümmern überall in dieser bedeutenden Nation war absolut unbeschreiblich. Hunderttausende von obdachlos gewordenen Menschen [...] schliefen in Gräben. Die Deutschen waren besiegt. Dieses Mal schlug der Krieg ihr eigenes Vaterland". [...]

Und wie sieht es heute aus? *Deutschland* war in Schutt und Asche gebombt und ist nun mit Abstand die stärkste Wirtschaftsmacht in *Europa*, die zweitstärkste in der Welt, nach *China*, eines der reichsten Länder der Welt, hat sich erfolgreich zu seinen eigenen Bedingungen wieder vereinigt und schon kurz danach, gegen den Widerstand der ganzen Welt, wie Sie weiter unten lesen werden, den *Balkan* nach seinen Vorstellungen neu geordnet. ‚Stratfor' schrieb am 10. November 2010 über *Deutschland*: *„Deutschland beginnt sich selbst wieder als einer der Weltmächte zu sehen – Mit großartigen Strategien, Bauern zum opfern und allem anderen, was mit dem Titel eines Schachgroßmeisters einhergeht".*

Und noch einmal etwas von den Ansichten von Frau *That-*

cher, zu *Deutschland*. Die ehemalige Premierministerin von *Großbritannien* sagte bei einem Treffen in *Colorado Springs* im Oktober 1995, mit *George H.W. Bush, Francois Mitterand* und *Michail Gorbatschow*:

„*Deutschland* wieder zu vereinigen, bedeutet, es zur *dominanten* Nation in der Europäischen Gemeinschaft zu machen. Sie sind stark und effizient. *Mitterand* und ich wissen wovon wir reden. Wir haben mit ihnen [den Deutschen] oft am Verhandlungstisch gesessen. *Deutschland* wird seine Stärke nutzen. Es wird den Fakt nutzen, dass es der größte Geldgeber in *Europa* ist, um zu sagen: Wir zahlen mehr als alle anderen und haben das Recht haben, etwas zu bestimmen!

Einige Leute sagen, ihr müsst *Deutschland* mit *Europa* verankern, um solches zu verhindern. Nun, ihr habt aber nicht *Deutschland* mit *Europa* verankert, sondern *Europa* mit einem *wieder* dominierenden, *Deutschland.*

Am Ende, meine Freunde, werdet ihr sehen, dass es *nicht* funktioniert."

An dieser Stelle will ich einen Artikel von *Heleno Sana*, ‚Deutschlands neuer Patriotismus – Der Wille zur Macht', aus dem Buch ‚Angst vor Deutschland' zusammenfassen. Ich habe mir dieses Buch Mitte der 90er Jahre gekauft. Als ich den besagten Artikel damals gelesen hatte, hielt ich das eher für unbegründete Vermutungen. Selbst als ich es vor einigen Jahren nochmals las, konnte ich mir das nicht vorstellen. Aber mittlerweile sehe ich es doch als zutreffende Analyse und Prognose an.

Die Theorie über das ‚Herr-Knecht-Verhältnis' zwischen den *Siegermächten* und *Deutschland* habe nie wirklich gestimmt, und schon gar nicht was die *BRD* betrifft. Sie musste sich zwar in entscheiden-den Bereichen dem Diktat der Alliierten fügen, aber sie habe es geschafft, trotzdem ihre eigenen Interessen zu verfolgen. Der beste Beleg dafür sei die *spektakuläre* Überwindung der Teilung, ein Lehrstück politischer Eigenständigkeit, indem die *Siegermächte* zu *Zaungästen* degradiert worden seien.

Wenn Sie den Verlauf der Dinge nach dem Mauerfall damals verfolgt haben und sich jetzt daran erinnern, sollte Ihnen klar werden, dass es sich genauso verhalten hat. Der damalige Kanzler *Kohl* und sein Außenminister *Genscher,* haben die Chance sofort ergriffen und praktisch im Alleingang und atem-beraubendem Tempo, den Sack zugemacht. Und dies trotz jeder Menge Proteste aus dem Ausland, insbesondere aus *Großbritannien* und *Frankreich*.

Die Versuche, mit militärischen Mitteln *Europa* zu erobern, seien gescheitert. Die Deutschen hätten diese Lektion gelernt und würden nun ihren ungebrochenen Willen zur Macht, künftig durch Leistung, Organisation und gewaltlose Expansion in umsetzen. In *Europa* – vor allem im Osten – gäbe es Nationen, die zu schwach seien, um sich der Bevormundung ihrer mächtigen Nachbarn zu entziehen, und es sei nicht anzunehmen, dass *Deutschland*, der Versuchung widerstehen könne, sein Übergewicht aus-zunutzen.

Das stimmt ohne jede Frage, wie die Eurokrise es aktuell auch zeigt. Und *Deutschland* ist nun in der unangefochtenen Rolle des Führers der EU, die es anstrebte.

Der Autor geht davon aus, dass die Fortsetzung, der Großmachtpolitik gerade von den *Deutschen* am systematischsten betrieben werden wird. Die Deutschen seien jetzt noch damit beschäftigt, den ramponierten Zustand der *DDR* in Ordnung zu bringen, und das werde auch noch eine Weile dauern. Aber nach Abtragung dieser Hypothek des 2. Weltkrieges, würden sie die Augen dann *wieder* nach Osten richten. Der Anschluss der *DDR* sei nur der *erste* Schritt zu einem großen Marsch durch *Zentral*- und *Osteuropa*. Die Deutschen würden sich dorthin bewegen, nicht nur wegen des berühmten Drangs nach Osten, sondern auch, weil dies die Region sei, in der sich ihre Expansionssehnsüchte am besten durch-setzen ließen.

Und es sei nicht zu vergessen, dass *Österreich, Ungarn, Rumänien* und *Bulgarien* im 2. Weltkrieg All-iierte *Deutschlands* waren, wie es schon (außer *Rumänien*) im 1. Weltkrieg der Fall war. Es seien also historische Bindungen und Wahlverwandtschaften vorhanden, die *Deutschlands* Vordringen dort erleichtern würden. Die Deutschen hätten dort nicht nur Feinde, sondern es gäbe dort viele Gruppen, die *germanophil* eingestellt seien und für eine starke Präsenz *Germaniens* in dieser Region schwärmen würden, weil sie *Deutschland* als Bollwerk gegen *Russland* sehen.

Und auch dem Fazit des Autors kann mich anschließen. Es sei unrealistisch anzunehmen, dass sich ein Volk in nur knapp 50 Jahren von Grund auf ändern könne. Die Erfahrung zeige vielmehr, dass nationale Wesenszüge sehr hartnäckig seien. Eher nüchterne Völker hätten aus dem erlittenen Fiasko wohl die Lehre gezogen, dass es unklug sei, die Welt erobern zu wollen, aber die Deutschen wären sich selbst nicht treu, wenn sie nicht *gerade* nach der Niederlage das Bedürfnis hätten, eine neue Konfrontation mit der Welt zu suchen.

An dieser Stelle noch etwas zu der Behauptung, die Anerkennung der *Oder-Neiße-Grenze* sei eine Bedingung für die deutsche Einheit gewesen. Das ist *nicht* wahr. Dem Nachlass des für politische brisante Aufträge hinzugezogenen Dolmetschers für Russisch, *Ernst Albert Nagoni* ist folgende Feststellung zu entnehmen, die *Michail Gorbatschow* 1990 in Dresden getroffen hat. Auf die Frage ob im Zusammenhang mit der Vereinigung Mitteldeutschlands mit der *BRD* auch eine Angliederung der fremd verwalteten deutschen Ostgebiete in Aussicht genommen war, antwortete *Gorbatschow* freimütig: „Ja, das wollte ich. Wir hatten die Universität von Moskau beauftragt, Pläne für die Wiedervereinigung *Deutschlands mit* seinen polnisch besetzten Teilen auszuarbeiten. Aber bei den 2+4 Verhandlungen, musste ich zu meinem Erstaunen feststellen, dass Bundeskanzler *Kohl* und sein Aussenminister *Genscher*, die deutschen Ostgebiete *Ostpreußen, Pommern* und *Schlesien* gar nicht wollten. Die *Polen* wären bereit gewesen, die Provinzen *Deutschland* zurück zugeben. Aber der *deutsche* Außenminister hat die polnische Regierung in *Warschau* bekniet, an der *Oder-Neiße-Linie* festzuhalten. Die Deutschen akzeptieren diese Grenze, waren seine Worte. Nur die *DDR* sollte angegliedert werden."

Roger Eatwell bezieht sich auf Meinungsumfragen und schreibt in seinem Buch ,Fascism', dass obwohl nur etwa 10-15 Prozent der Bevölkerung als harter Nazi-Kern eingestuft worden sei, Forscher herausgefunden hätten, dass eine starke, anhaltende rassistische Gesinnung vorhanden war. Im Jahre 1946 hätten 48 Prozent der Deutschen gedacht, dass einige Rassen mehr befähigt wären zu herrschen als andere. Und noch bemerkenswerter sei, dass im Jahre 1949, 59 Prozent eingestanden hätten, dass der Nazismus sei eine gute Idee gewesen wäre, jedoch schlecht ausgeführt worden sei. Nur Wenige hätten behauptet, Gegner des Regimes gewesen zu sein.

An dieser Stelle noch mal zurück zum Thema *Südafrika*. Wissen Sie eigentlich, dass *Deutschland* und *Südafrika* seit langem schon beste Beziehungen pflegen? So lieferte die Bundesrepublik belastende Dokumente für Prozesse gegen 156 Oppositionelle in einem Hochverratsprozess 1956. Das geht aus einer Untersuchung über die *Bonner* Südafrikapolitik hervor. Es übergab Dokumente aus Verfahren gegen die KPD und stellte Unterstützung durch den Geheimdienst in Aussicht. Damit sollten Gerichtsverfahren untermauert werden, die auf die Ausschaltung des politischen Widerstands gegen das Regime in *Pretoria* zielte. Bonns Ziele waren die Apartheid an der Macht zu halten, da sie als pro-westlich galt, und auch deutsche *Sondereinflüsse* zu behaupten, welche deutschen Unternehmen lukrative Geschäfte bescherte. Diese Konzerne zählten bis zum Ende zu den loyalsten Unterstützern des Regimes.

Deutschland belieferte dessen Polizei und Militär u. a. mit Hubschrauben welche Überwachungstechnologie besitzen. Die Unterstützung für die Rassisten reicht weit bis vor dem Apartheidregime zurück. Sie wurde insbesondere ab 1933 wirksam. Die Beziehungen. haben sich während des *Dritten Reichs* günstig entwickelt. Damals habe unter der Protektion des südafrikanischen. Justiz- und Verteidigungsministers *Oswald Pirow*, welcher deutsche Vorfahren hatte, und ein Bewunderer *Hitlers* war, der bilaterale Handel floriert. Zudem fand ein reger Austausch zwischen Studenten und Professoren statt.

Südafrika orientierte sich an den ‚Nürnberger Rassegesetzen' und das NS-Regime an der Apartheid. Diese Sonderbeziehungen haben sich schon kurz nach dem 2. Weltkrieg, mit der Eröffnung des Generalkonsulats der Bundesrepublik in *Kapstadt* im Januar 1951, wieder bemerkbar gemacht. 1955 wurde ein kulturelles Abkommen für die starke, *deutsche* Minderheit in *Südafrika* beschlossen. Dieses musste aber aufgrund von internationalen. Protesten gegen das Apartheidregime bis 1962 hinausgezögert werden.

Außerdem ist die *BRD* bereits seit 1957 der drittgrößte Lieferant und damit wichtige ökonomische Stütze des Regimes. Einschränkungen in diesen Verbindungen wurden nur gemacht, damit das Ansehen der *BRD* in der farbigen Welt nicht beschädigt wird und damit *Moskau* und *Ost-Berlin* es nicht gegen die *BRD* verwenden können.

Die Beziehungen der beiden Länder blieben konstant eng, auch als andere Nationen sich distanzierten. Als 1987 mehr als hundert Firmen sich zurückzogen, weiteten deutsche Firmen Handel und Investitionen aus. Zudem sicherte die Bundesregierung deutsche Lieferungen mit Hermes-Bürgschaften ab. Auch trugen deutsche Firmen dazu bei, dass *Südafrika* Atommacht wurde. *Deutschland* ist der weltweit wichtigste Direktfinanzier der Regimes, deutsche Banken stellten bereitwillig Kredite für Regime zur Verfügung. Auch die umstrittene Lieferung von U-Boot Blaupausen an das Land unter der rot-grünen Regierung, war keine Ausnahme, sondern nur ein weiterer Baustein in diesen Beziehungen.

Wir haben also mit *Südafrika* einen weiteren Staat des Ex-*Commonwealth*, welchen *Deutschland*, neben *Australien*, an sich gebunden hat. Aber es kommt noch dicker. *Herbert W. Armstrong* sagte in seiner Radiosendung am 9. Mai 1945:

„Wir verstehen die *deutsche* Gründlichkeit nicht. Vom Beginn des 2. Weltkrieges an, haben sie die Möglichkeit berücksichtigt, die zweite Runde zu verlieren, wie schon den ersten. Weltkrieg und haben sorgfältig und methodisch für diese Eventualität geplant, den 3. Weltkrieg. *Hitler* ist gescheitert, diese Runde ist vorbei.

In *Frankreich* und *Norwegen*, haben sie gelernt, wie effektiv ein organisierter Untergrund die Besetzung und Kontrolle eines Landes behindern kann. *Paris* wurde durch die französische Resistanze und die Alliierten befreit. Nun sind die Nazis sind in den Untergrund gegangen und planen zurück zu kommen, um die dritte Runde zu gewinnen."

1996 wurde in den USA ein Geheimdienst-Dokument veröffentlicht. Es enthüllte, dass einige der Nazi-Führer, im August 1944 erkannten, dass sie den Krieg verlieren würden. So arrangierten sie ein Treffen mit deutschen Top-Industriellen, u. a. von *Messerschmitt* und *Volkswagen*, um sich um die Finanzierung der NSDAP im Untergrund zu bemühen, „damit nach der Niederlage ein starkes *Deutsches Reich* geschaffen werden kann."

Dieses Geheimdienstdokument, das Schockwellen hätte auslösen können oder vielleicht sogar müssen, erhielt jedoch kaum Beachtung. Aber was noch schockierender ist, als die Tatsache, dass es von der Presse nicht thematisiert wurde ist, dass die US-Regierung es nicht vor 1996 veröffentlicht hat, über ein *halbes Jahrhundert* später!

Eine weitere Überraschung beschreibt im Jahre 1997 *Martin Lee* in seinem Buch ,The Beast Reawakens'. Angesichts der Tatsache, dass die Führung der *Bundeswehr* direkt aus den höchsten Rängen von *Hitlers* Armee rekrutiert worden sei, habe es niemals eine Abkehr von der Nazivergangenheit gegeben hat. (1976 waren nur drei von 217 Bundeswehr-Generälen keine Veteranen des *Dritten Reichs*, und 37 Kasernen in der Republik wurden nach Soldaten benannt, die ihren Ruhm während der Hitler-Jahre begründet hatten). Es gäbe Themen, denen man Beachtung schenken sollte. Vor allem, die *plötzliche* Verwandlung *Deutschlands* von der am Boden zerstörten Nation, zu einer der dominantesten und mächtigsten Nationen der Welt, das grenze an ein Wunder!

Die Zeitschrift ,Good News' vom April 1952 hatte also wohl Recht gehabt, als sie schrieb: „Wird *Amerika* sich trauen, *Deutschland* wieder zu bewaffnen? Unsere führenden Generäle haben unerbittlich gewarnt, dass *Deutschland* ein *kalkuliertes Risiko* ist." [...]

Zu dieser Zeit, als *Deutschland* als Nation zerschmettert und zu einem Haufen Schutt zerbombt in Trümmern lag, schrieb *Herbert W. Armstrong* in ,The Plain Truth' aus dem Jahr 1952: [...] „Die Vereinigten Staaten sind nun entschlossen, dem Aufbau eines wiederbewaffneten, unabhängigen *Deutschlands* nicht mehr im Wege zu stehen. Dies wird das Herz und der Kern des vereinten Europas sein, welches das ,Heilige Römische Reich' wieder beleben wird." [...]

Wussten Sie eigentlich, dass *Deutschland* in den 1990'er Jahren, maßgeblich für den Bürgerkrieg im ehemaligen Jugoslawien verantwortlich war? Dass die damalige Regierung bereit war, sich für die Anerkennung von *Slowenien* und *Kroatien* mit allen anderen Mitgliedern der damaligen *EG*, den *USA* und der *UNO* anzulegen?

Mir war das auch neu, aber meine Nachforschungen haben es bestätigt. ‚Intelligence Digest' vom August 1995: [...] „Die jüngsten Ereignisse im ehemaligen *Jugoslawien*, [...] bilden nur einen Teil eines umfassenden *amerikanisch-deutschen* Planes für *Europa*. [...] *Amerikas* Lösung ist, die *deutsche* Hegemonie zu fördern und zu unterstützen, sowohl im Osten als auch im Westen. [...]

Zu der Zeit begann ein *pro-deutsches* US-Außenministerium unter *James Baker* eine Flüsterkampange gegen die britische Premierministerin *Margaret Thatcher* wegen ihrer Opposition gegen eine weitere Abtretung britischer Souveränität an die von *Deutschland* dominierte EU. Diese Flüsterkampange war auch verantwortlich für Frau *Thatchers* Verdrängung aus dem Amt des britischen Premierministers. [...] Washington folgt einer internationalen Politik, deren Ziel es ist, sowohl *Ost-* als auch *Westeuropa* der totalen Vorherrschaft *Deutschlands* zu überlassen. [...] Somit wird *Deutschland* mit der vollen Unterstützung von *Amerika* die alleinige *Großmacht Europas* sein." [...]

Deutschland hatte in dieser Angelegenheit die *ganze* Welt gegen sich! Trotzdem blieb es bei in seiner Entscheidung. Warum? Wie kann eine Nation mit dieser Vergangenheit so etwas in Angriff nehmen? Es macht Sinn, wenn man die Geschichte *Deutschlands* und die des ‚Heiligen Römischen Reiches', versteht!

Die ganze Welt war gegen die Deutschen und trotzdem setzten sie ihren Willen durch. Der erste Schlag des *3. Weltkriegs* ist bereits ausgeführt worden. Scheinbar ist die Angewohnheit, jeden Weltkrieg zu beginnen, schwer abzulegen.

Der Plan der *Europäischen Union* war, ein gefährliches *Deutschland* zu kontrollieren. Es ist aber evident so, dass *Deutschland* nun die EU kontrolliert. Der 3. Weltkrieg hat bereits begonnen! Bald wird ganz Europa unter *Deutschlands* Kontrolle sein – und das ist nur der Anfang. *Amerika, Großbritannien* und das heutige *Israel* werden vom letzten ‚Heiligen Römischen Reich' bezwungen werden! Das ‚Heilige Römische Reich' wird mächtiger sein als *Russland, China* oder die *USA*. *Deutschland* und kurz darauf der *Vatikan* waren gewillt, die ganze Welt zu verärgern, um die zwei kleinen *römisch-katholischen* Republiken anzuerkennen!

Die ‚New York Times' schrieb am 16. Dezember 1991 dazu: „Der *UN-Sicherheitsrat* wich von einer Konfrontation mit *Deutschland* wegen *Jugoslawien* zurück, nachdem die europäischen Verbündeten *Deutschlands* entschieden hatten, dass sie keinen großen Zusammenprall mit *Bonn* wünschten. Dies rührte besorgniserregende historische Parallelen auf. *Nazi-*

Deutschland dominierte diese Regionen während des 2. Weltkrieges, indem sie *Slowenien* ins *Dritte Reich* integrierten und ein Marionettenregime in *Kroatien* installierten.

Dieser Zwischenfall unterstrich *Deutschlands* zunehmende politische Macht innerhalb der 12 Nationenstarken, Europäischen Gemeinschaft, sagten Diplomaten. Einige fügten hinzu, dass dies die *offensichtlichste* Demonstration dieser Macht seit der Wiedervereinigung der zwei deutschen Nationen vor über einem Jahr kennzeichnete." [...]

Warum hat *Deutschland* gegen den Widerstand praktisch der *gesamten* Welt, darauf bestanden, diese beiden Republiken anzuerkennen? Nun, es ist so, dass diese beiden kleinen Republiken Warmwasserhäfen am *Adriameer* besitzen und damit einen Zugang zum *Mittelmeer* und dieses wiederum Zugang zu der Region, die als *Naher und mittlerer Osten* bezeichnet wird, bietet. Dies ist aus strategischer Sicht sehr wertvoll und *Deutschland* weiß Bescheid, in Sachen *strategischer* Kriegsführung und das wahrscheinlich besser, als *jede* andere Nation in der Welt.

Man könnte also denken, dass *Deutschland* diesen Krieg, zumindest indirekt ausgelöst hat. So sah er der damalige U.S. Staatssekretär *Warren Christopher*, denn er sagte: *„Deutschland hat ganz gewiss eine Verantwortung für die Balkankriege."* Er nannte keine anderen Nationen außer *Deutschland* und wurde daraufhin sehr schnell zum schweigen gebracht.

Ron Fraser, Kolumnist für die ‚Trumpet', schrieb über den

Kosovokrieg: *„Es war ein Meisterstück politischer Täuschung, welches dazu diente zu demonstrieren, dass die alten teutonischen Meister der Antike, allzeit das ‚Heilige Römische Reich' belebend, viel aus ihrem Fehler, Europa in zwei Weltkriegen erobern zu wollen, gelernt haben. Lass einfach die anderen die Kriege führen – vorzugsweise auf eigene Kosten – und erscheine immer zurückhaltend beim Eintritt in die Offensive; dann komme an, mit dem Hut in der Hand und biete an der Friedensstifter am Ende des großen Konflikts zu sein."*

Es gibt noch einen weiteren sehr wichtigen Punkt, von dem so gut wie gar nicht berichtet wird. Wissen Sie eigentlich, dass außer *Frankreich* und *Großbritannien* noch andere Nato-Länder im Besitz von *Atomsprengköpfen* sind? Es handelt sich um 5 Nationen und raten Sie mal, wer dabei ist ... es sind die *Niederlande, Belgien, Italien, Türkei* und *Deutschland*!

Es handelt sich um insgesamt 350 nukleare Sprengköpfe, die zwar *technisch* gesehen, den *USA* gehören, sich jedoch *tatsächlich* in den Händen der genannten Nationen befinden. Sie sind an die jeweiligen Flugzeugtypen angepasst, so dass diese von den Host-Nationen befördert und abgeworfen werden können. Diese sind ein Relikt aus dem kalten Krieg. Jeder dieser Sprengköpfe, hat die *13-fache* Stärke der Hiroshimabombe! Und wie die Europäer, wird auch die *Türkei*, die *USA* betrügen und sich gegen diese wenden. Doch dazu mehr im Kapitel über die *Türkei*.

Dass im 3. Weltkrieg Atomwaffen zum Einsatz kommen

werden, ist z. B. dem Buch des Propheten **Jesaja 1:7**, zu entnehmen: Euer Land ist verwüstet, eure Städte sind mit Feuer verbrannt; [...] Oder auch in Jesaja 6:11: [...] Bis die Städte verwüstet liegen, so dass niemand mehr in ihnen wohnt, und die Häuser menschenleer sein werden und das Land in eine Einöde verwandelt ist.

Ein solches Ergebnis, ist nur durch den Einsatz von Atomwaffen möglich, insbesondere in einem so großen Land, wie den USA. Angeblich sollen diese Sprengköpfe laut Koalitionsvertrag, aus *Europa* entfernt werden, aber dazu muss man wissen, dass ein solcher Vertrag, juristisch, nur eine *Absichtserklärung* darstellt. Der aktuelle Koalitionsvertrag, zwischen CDU, CSU und SPD. Enthält die folgenden überraschende 10 Punkte:

1. **Weltordnungsmacht** – Es wird der Anspruch erhoben Weltordnungsmacht zu werden, dazu sollen alle Instrumente, auch militärische, zum Einsatz kommen
2. **Afghanistan** – Der 10jährige Einsatz der Bundeswehr dort, wird positiv bewertet
3. **Zivil-militärische Kooperation** – Gemeinsam mit den Partnern bei Auslandseinsätzen
4. **Militarismus** – Attraktivitätsoffensive, um mehr Rekruten für die Bundeswehr zu gewinnen
5. **Außenwirtschaftspolitik** – Weltweit sollen zur Rohstoffsicherung, Freihandelsabkommen,

abgeschlossen werden

6. **Stärkung der Rüstungsindustrie** – Rüstungsex porte sollen wie bisher zur geopolitischen Einfluss-nahme genutzt werden
7. **NATO** – Die Koalition setzt auf eine Stärkung der Rolle *Deutschlands*, bsd. was die Strukturen angeht
8. **Syrien** – In diesem Konflikt, ist man auf den Kurs der *USA* eingeschwenkt
9. **Golf-Kooperationsrat** – Die Kooperationen mit Diktaturen wird befürwortet
10. **NSA-Affäre** – Eine Neuordnung der Beziehungen Zu den *USA* ist nicht vorgesehen

Man lese und staune, über die *Unmissverständlichkeit*, der gesetzten Ziele. Die Weichen sind nun gestellt, für die neue globale *Supermacht* unter *deutscher* Führung. Die ersten beiden Weltkriege waren nur ein *Menetekel* für das, was der 3. Weltkrieg über die Erde bringen wird. Und wie schon die ersten beiden Weltkriege, wird er von *Deutschland*, als Führer der ‚Vereinigten Staaten von Europa', ausgelöst.

Und in diesem dritten Anlauf, wird es vollbringen, was zuvor vom ‚Haus Israel', allen voran den *USA*, verhindert wurde. Das hat zum einen mit dem Verlangen nach Vergeltung für das Eingreifen in die beiden Weltkriege und der daraus resultierenden Niederlage zu tun, aber es ist auch eine Vorbedingung um die Weltherrschaft zu erlangen.

Und *Deutschland* bereitet sich schon seit Jahren darauf

vor, auf die Weltbühne, auch mit militärischen Mitteln, zurück zukehren. Bei meinen Recherchen dazu, fand ich auch einen bemerkenswerten Artikel, in einer *österreichischen* Zeitung, nachdem nicht die *USA Deutschland* in *Afghanistan* dabei haben wollte, *sondern* die Bundesregierung sich den *USA aufgedrängt* hat. Die ‚Kleine Zeitung' schrieb am 4. September 2011: **Deutschland wollte nach Afghanistan**

[...] Laut einem „Spiegel" Bericht war eine deutsche Beteiligung am Krieg in *Afghanistan* nach den Anschlägen niemals erforderlich, die damalige rot-grüne Bundesregierung von Kanzler Schröder habe den *USA* militärische Hilfe jedoch vielmehr aufgedrängt. [...]

Warum hat die *Bundesregierung* das getan? Wenn Sie mich fragen dann deshalb, weil man Jahrzehnten der militärischen Abstinenz natürlich ein *realistisches* Übungsgebiet für die Truppen braucht, logisch, oder? Und ist nicht zufälligerweise auch der *Iran* gleich neben an? Auch das besondere Engagement von Ex-Verteidigungsminister *zu Guttenberg* für die Truppe und die Aussetzung der Wehrpflicht, sind den zukünftigen Zielen der deutschen Politik geschuldet.

Das mit Aussetzung der Wehrpflicht wegen der Einberufungsgerechtigkeit ist nur vorgeschoben. Das musste gemacht werden, weil man *Wehrpflichtige* nur zur *Landesverteidigung* einziehen darf, deswegen zielt man nun auf *Zeit- und Berufssoldaten*, die auch außerhalb der Heimat eingesetzt werden können. Aber *Afghanistan* ist bei weitem nicht der einzige Einsatzort der Bundeswehr. *Deutschland* stellt(e) die:

- meisten Truppen auf dem *Balkan*,
- hat militärische Ausbilder in *Afrika*,
- Kriegsschiffe im *Mittelmeer*, um Waffenlieferungen an die Hisbollah zu verhindern und
- leitet die EU-Operation ‚Atalanta', am *Horn von Afrika*.

Apropos ... war da nicht mal was von wegen Piraten, die Handelsschiffe und Tanker kidnappen? Man hört gar nichts mehr davon, scheinbar hat sich **jemand** erfolgreich darum gekümmert. Dazu stand in einem Artikel der ‚Washington Post' vom 28. Januar 2013: **Die neue Supermacht der Welt**

Die EU habe die Finanzierung zum Training afrikanischer Truppen – die assistieren werden, autorisiert und die haben mehr Erfahrung als sie denken. [...] EU-Kräfte würden weit unterhalb des öffentlichen Radars operieren und griffen erfolgreich Piratenbasen entlang der somalischen Küste an. *„Die haben unsere Ausrüstung in Schutt und Asche gelegt"*, beschrieb es ein Kommandeur der Piraten, gegenüber ‚The Associated Press'. [...]

Aber das ist noch lange nicht alles, *Deutschlands* Pläne schließen auch *militärische* Stärke mit ein. Um das zu belegen fasse ich einige Artikel aus der ‚Trumpet' zusammen. Zunächst vom August 2013 unter der Überschrift: **Im Aufbau**

Einige Komponenten für eine europäische Armee, die das *EUISS* jetzt empfehle, bestünden bereits. Zur Verstärkung könne das ‚Eurocorps' unter einheitlichem Kommando verlegt werden. Aber *Berlin* dränge nach *mehr*. *„Deutschland* treibt die Integration einer europäischen Verteidigung voran.", berichtete ‚Deutsche Welle' im Mai. *„Deutschland* ist *Europas* größter Partner in militärischer Kooperation." *Berlin* habe sich angeboten, Arbeit zu übernehmen, die kleinere Armeen sich nicht mehr leisten können.

Deutschland habe im Mai in einen gewaltigen Schritt nach vorne gemacht. Verteidigungsminister *De Maiziere* unterzeichnete mit dem *niederländischen* Verteidigungsminister ein Abkommen, welches niederländische Fallschirmjäger unter *deutsches* Kommando stellt. Ab 2014 wird die militärische Vorhut der *Niederlande* nun also unter *deutschem* Kommando stehen. Die *Niederlande* werden ab jetzt, keinen Krieg mehr ohne grünes Licht aus *Berlin* mehr beginnen. Die *Niederlande* haben den Rubikon überschritten, und einen Teil ihrer Armee, *Deutschland* unterstellt. Wird es dabei bleiben?

Die beiden Armeen arbeiteten vorher schon eng zusammen, durch den Austausch von Offizieren, und Durchführung gemeinsamer Manöver. Jetzt will man zusätzlich, gemeinsam neue Ausrüstung kaufen und ein neues U-Boot entwickeln. Beide Armeen dienen auch gemeinsam in *Afghanistan* und auch hier, stehen die Niederländer unter *deutschem* Kommando. Dass solle auch 2014 so bleiben.

Ebenfalls im Mai, vereinbarte man ähnliches mit den *Polen* zwecks engerer Zusammenarbeit der Marine beider Länder.

Dieses Abkommen macht den Weg für 28 Projekte frei u. a. die gemeinsame Überwachung des *baltischen* Meeres, gemeinsame Manöver und Kooperation im Schiffsbau. Wenn *Deutschland* beweisen könne, dass diese Integration funktioniert und das dabei auch noch eine Menge Geld gespart werden kann, werden auch andere Nationen dabei sein wollen. Das Resultat werde eine *europäische* Armee oder zumindest sehr enge koordinierte Armeen um *Deutschland* herum zentriert sein.

Und es geht bereits weiter damit, wie man der ‚Trumpet' vom 14. Oktober 2013 entnehmen kann: **Deutschland skizziert neue Strategie für eine europäische Armee**

Statt die europäische Armee mit einem Mal zu schaffen, solle *Deutschland* dies Stück für Stück tun, übereinstimmend mit einem Papier der ‚Konrad-Adenauer-Stiftung'. *Deutschland* solle „Inseln der Kooperation" schaffen, welche als Bausteine einer Gesamteuropäischen Armee genutzt werden könnten. Alle 28 Nationen davon zu überzeugen, ihre Souveränität übers Militär abzugeben, habe viel zu lange gedauert. *Deutschland* will Resultate sehen und zwar *jetzt*!

Die bemerkenswerteste Empfehlung sei die, dass *Deutschland* die *Führungsnation* einer gemeinsamen Luftwaffe mit den *Niederlanden* und *Tschechien* werden soll. Es schlägt ebenso vor, dass *Deutschland* mit *Frankreich, Polen, Niederlanden* und *Dänemark* bei der Aufrüstung der Marine zusammenarbeiten sollte. *Für diese Idee gäbe es auch in den USA*

Begeisterung. Die KAS nenne drei Gründe, warum *Europa* das Militär verbessern soll. Die Aufstände im *mittleren Osten, Nordafrika* und *am Horn von Afrika*, sowie den *Kaukasus.* Zwei weitere drehen sich um *Amerika.* Es warne vor der Unzufriedenheit *Amerikas,* dass *Europa* sich nicht genügend in die Nato einbringt. *Amerika* dränge *Europa* ein gemeinsames Militär zu entwickeln.

Und am 21. November 2013 war dann zu lesen:

Neue Koalition strebt nach europäischer Armee

Übereinstimmend mit dem neuen Koalitionsvertrag, wolle *Deutschland* eine europäische Armee schaffen. Kanzlerin *Merkel* habe *Deutschland* dazu aufgerufen, sich seiner internationalen Verantwortung zu stellen und bereit zu sein für Unterstützung in Konflikten. „Wir streben eine immer engere Verbindung der europäischen Kräfte an, welche sich zu einer vom Parlament kontrollierten, europäischen Armee entwikkeln kann."

Es wird empfohlen, dass kleine Gruppen von Nationen zusammenarbeiten, um ein im Großen und Ganzen ausbalanciertes Militär zu schaffen. Verteidigungsminister *de Maiziere,* unterbreitete ‚Framework-Nation-Concept' letzten Monat der Nato. Das europäische Militär würde in Gruppen aufgeteilt werden. Die Nationen müssten keine eine komplette Armee unterhalten, sondern könnten sich spezialisieren. Trotzdem behielten alle die notwendigen, defensiven Ressourcen.

Kommen wir nun zu dem anderen deutschen Staat in *Eu-*

ropa. Vom *Giganten Deutschland*, nun zu der heute eher bescheidenen Alpenrepublik *Österreich*. Von diesem *deutschen* Staat hört man in der Welt deutlich weniger, als von seinem großen Bruder im Norden. Das war aber nicht immer so. Es ist noch nicht lange her, da war *Österreich-Ungarn* ein Imperium. Und bereits viel früher hat das Haus *Habsburg* unter *Karl V.* sogar für 400 Jahre die 4. Auferstehung des ‚Heiligen Römischen Reiches', angeführt.

Karl V. 1520 zum Kaiser gekrönt, wurde zu einem der größten *deutschen* Kaiser der Geschichte. Die vierte Wiederbelebung des ‚Heiligen Römischen Reiches', war unter seiner Herrschaft. Mit 19 Jahren wurde er zum Herrscher über spanische und deutsche Gebiete, einschließlich *Deutschland, Burgund, Italien* und *Spanien*, zusammen mit Überseebesitz. Auch von diesem Reich sagte man, „dass die Sonne darüber niemals untergehe".

In Sachen *Deutschland* und *Österreich* verhält es sich ähnlich wie mit *Großbritannien* und den *USA*. Auch zwischen den beiden deutschen Nationen gab es schon Krieg, doch überwiegend haben auch sie, in kriegerischen Konflikten, stets Seite an Seite gekämpft. Das geht zurück bis in die Zeit *Preußens*, und über *Bismarck* und *Kaiser Wilhelm II.* weiter, bis in die Zeit des *Dritten Reiches* und wird sich auch nicht ändern. Das alles sollte nicht sonderlich verwundern, denn genauso wie beim *angelsächsischen* Gespann, verbindet beide Völker eine gemeinsame Sprache und Kultur.

Und ebenso wie die *USA* und *Großbritannien* brüderlich zusammengehalten haben, selbst wenn der Rest der Welt gegen sie stand, wie z.B. im *Irakkrieg 2003*, so haben auch die beiden *deutschen* Staaten in beiden Weltkriegen Seite an Seite gegen eine Welt voll Feinden gekämpft.

Im Pakt zwischen den *Kaisern Wilhelm II.* und *Franz-Josef I.* wurde sogar von ‚Nibelungentreue' gesprochen. Auch die Fahnen der Doppelmonarchie weisen Parallelen mit Flagge des ‚Heiligen Römischen Reiches' auf, ebenso wie im Falle *Deutschlands*.

Es ist auch nicht korrekt, für das Jahr 1938 von einer *Annexion Österreichs* durch *Nazideutschland* zu sprechen, denn auch wenn die Regierung *Schuschnigg* dagegen war, so war doch die überwiegende Mehrheit der *Österreicher*, von über 90 %, für den Anschluss an das *Deutsche Reich*. Viele hatten dies schon nach dem ersten Weltkrieg gefordert.

Auch teilten beide Staaten nach den verlorenen Weltkriegen ein ähnliches Schicksal. Nach dem 1. Weltkrieg traf es *Österreich* wohl doch etwas härter, denn ihre Doppelmonarchie wurde zerschlagen. Dagegen hielten sich die Gebietsverluste des *Deutschen Reiches* in Grenzen.

Nach dem 2. Weltkrieg hatten beide zunächst dasselbe Schicksal der Besatzung, aber diesmal traf es *Deutschland* viel schlimmer. Zwar wurden beide in gleicher Weise unter den Siegermächten in Besatzungszonen aufgeteilt, aber *Österreich* erhielt relativ schnell einen Friedensvertrag, wenn auch unter den Bedingungen von Neutralität und dem Verbot sich jemals wieder mit *Deutschland* zu vereinigen.

Es hatte auch keine Gebietsverluste hinzunehmen, aber *Deutschland* hat bis heute keinen Friedensvertrag, es sind immer noch Besatzungstruppen auf deutschem Boden und es hat weitere seiner *Ostprovinzen* verloren.

Was sagt die Bibel über die Zukunft *Österreichs*? Nun, die Bibel kennt nur die antiken Vorfahren der heute deutschsprachigen Völker, also *Assyrien.* Somit ist das Schicksal beider Nationen miteinander verknüpft. Das ist auch nicht allzu schwer nachzuvollziehen, denn *Österreich* ist wie *Deutschland* Mitglied der EU und wird mit Sicherheit zum Eliteclub der zehn Nationen gehören, welche die ‚Vereinigten Staaten von Europa' bilden werden.

Somit wird es in irgendeiner Weise auch an den Kriegszügen dieser Supermacht beteiligt sein und demzufolge dasselbe Schicksal wie sein großer Bruder erleiden.

Gott wird ‚Assur' erneut verwenden, um eine Strafe am ‚Haus Israel' zu vollstrecken. Doch sein Werkzeug, wird übers Ziel hinausschießen, und so wird Gott sich danach mit *Assyrien* befassen. Deshalb bleibt nur zu hoffen, dass der endzeitliche Herrscher von *Assyrien,* bereuen und sich nicht seinem Hochmut hingeben wird, denn ansonsten droht was **Jesaja** in **Kapitel 10** hierzu schreibt:

Wenn aber der HERR all sein Werk ausgerichtet hat auf dem Berge Zion und zu Jerusalem, wird er sprechen: Ich will heim-

suchen die Frucht des Hochmuts des Königs von Assyrien und den Stolz seiner hoffärtigen Augen, weil er spricht: Ich hab's durch meiner Hände Kraft ausgerichtet und durch meine Weisheit, denn ich bin klug. [...]

Und auch in **Jesaja** wird gegen *Assyrien* weißgesagt:

Weissagung gegen Assyrien

Der HERR der Heerscharen hat geschworen und gesagt: Fürwahr, es soll geschehen, wie ich es mir vorgenommen habe, und es soll zustande kommen, wie ich es beschlossen habe: Ich will den Assyrer zerschmettern in meinem Land, und ich will ihn zertreten auf meinen Bergen; so wird sein Joch von ihnen genommen werden und seine Last von ihren Schultern fallen.

Diese Verse beziehen sich auf die Niederlage des ‚Königs des Nordens' im *gelobten Land*, durch die *asiatischen* Horden.

Doch es gibt einen Hoffnungsschimmer - denn *Assyrien* ist, laut Bibel - die *einzige* Nation, die jemals bereut und sich von ihren bösen Werken abgewendet hat. Dies wird im Buch des Propheten **Jona** beschrieben:

Jonas Verkündigung in Ninive und die Buße der Stadt

Und das Wort des HERRN erging zum zweiten Mal an Jona folgendermaßen: Mache dich auf, geh nach Ninive, in die große Stadt, und verkündige ihnen die Botschaft, die ich dir sagen werde! Da machte sich Jona auf und ging nach Ninive, nach dem Wort des HERRN. Ninive aber war eine sehr große Stadt vor Gott, drei Tagereisen groß.

Und Jona fing an, eine Tagereise weit in die Stadt hinein-

zugehen, und er rief und sprach: »Noch 40 Tage, und Ninive wird zerstört!« Und die Leute von Ninive glaubten Gott; und sie riefen ein Fasten aus und legten Sacktuch an, vom Größten bis zum Kleinsten unter ihnen. Und das Wort gelangte bis zum König von Ninive; und er stand von seinem Thron auf, legte seinen Mantel ab, hüllte sich in Sacktuch und setzte sich in die Asche.

Und er ließ ausrufen und sagen in Ninive, auf Befehl des Königs und seiner Großen: »Menschen und Vieh, Rinder und Schafe sollen nichts genießen, sie sollen weder weiden noch Wasser trinken; sondern Menschen und Vieh sollen sich in Sacktuch hüllen und mit aller Kraft zu Gott rufen und sollen sich abwenden, jeder von seinem bösen Weg und von dem Unrecht, das an seinen Händen klebt! „Wer weiß, Gott könnte anderen Sinnes werden, es sich gereuen lassen und ablassen von seinem grimmigen Zorn, so dass wir nicht untergehen!" Und Gott sah ihre Taten, dass sie sich abwandten von ihren bösen Wegen, und ihn reute das Übel, das er ihnen angedroht hatte, und er tat es nicht.

Ruben – Ein Sohn Jakobs

Frankreich, ‚Le Grande Nation', hat ebenfalls eine Tradition im ‚Heiligen Römischen Reich'.

Es handelt sich um den einstigen Erzfeind *Deutschlands.* Auch wenn diese Feindschaft heute nicht mehr besteht, so sind diese beiden Nationen trotzdem immer noch *Rivalen,* wenn es um die Dominanz auf dem Kontinent geht.

Das ‚Heilige Römische Reich' von *Karl dem Großen,* auch *‚Charlemagne'* genannt, wird sowohl von *Deutschland,* wie auch *Frankreich* für die eigene Nation in Anspruch genommen. Es wird sich vielleicht nie vollständig klären lassen, ob *Karl der Große* nun Franke und damit Franzose, oder doch deutscher Abstammung war. Dies scheint für beide Nationen so wichtig zu sein, weil es fälschlicherweise als erstes der ‚Heiligen Römischen Reiche' angesehen wird. Das *erste* Reich dieser Tradition war jedoch das von Kaiser *Justinian* 538 n. Chr. – die *Imperiale Restauration.*

Deutschland hat es eigentlich gar nicht nötig, sich um *Charlemagne* zu streiten, denn es hatte danach unter dem deutschen Kaiser *Otto dem Großen,* ein größeres und auch langlebigeres Reich. Abgesehen von der unklaren Lage in Sachen *Karl des Großen,* hatte *Frankreich* definitiv die Führung über ein ‚Heiliges Römisches Reich' inne - Im 19. Jahrhundert, unter *Napoleon Bonaparte.*

Es ist davon auszugehen, dass *Frankreich* ebenfalls zum Eliteclub der ‚Vereinigten Staaten von Europa' gehören wird. Es ist zum einen zu groß um außen vor gelassen zu werden und davon abgesehen, forciert es ja auch Hand in Hand mit *Deutschland,* den Prozess der europäischen Integration.

Hierzu schrieb der ‚Spiegel' am 16. August 2011 unter der Überschrift: **Merkel und Sarkozy planen Wirtschaftsregierung für Europa**

Um die Eurokrise zu bekämpfen, wollten Kanzlerin *Merkel* und Präsident *Sarkozy* eine Wirtschaftsregierung für die Eurozone, unter Vorsitz von *Herman van Rompuy* schaffen. Beide hätten den Euro als unverzichtbares Instrument für Zusammenarbeit gepriesen. „Der Euro ist unsere Zukunft", habe *Merkel* gesagt. *Merkel* habe während der gemeinsamen Pressekonferenz, wiederholt den Euro als Balancegeber eines stabilen *Kerneuropas* gelobt. Die Wirtschaftsregierung solle aus dem Rat der Regierungschefs der Euro-Länder bestehen und zweimal im Jahr tagen, notfalls aber auch öfter. Geführt werden solle sie von einem Präsi-denten für 2 ½ Jahre.

Frankreich wird von *Deutschland,* der eindeutig stärksten Nation in der EU, nicht nur wie schon jetzt auf den Beifahrerplatz, sondern wie im nächsten Kapitel zu lesen ist, auf den Rücksitz verwiesen werden. Aber wie kann ich mir da so sicher sein? Nun, es gibt nur ein Land, welches in der Lage ist, den Eurokarren wieder aus dem Dreck zu ziehen, und das ist eben *Deutschland*. Und wer bezahlt hat auch das Sagen.

Es folgt eine Zusammenfassung, aus einem Artikel des ‚Spiegel' vom 27. Oktober 2011, aus vergangenen „Merkozy" Zeiten: Mit dem Beschluss von *Brüssel*, sei Europa der Rettung des Euro auf gutem Wege. Dies sei vor allem das Verdienst der Kanzlerin, sie habe sich in vielen Punkten durchgesetzt, um die Schuldenkrise zu meistern. Im Wettlauf um die Führung in *Europa* mit *Sarkozy*, habe sie jetzt die Nase vorn. *Merkel* habe das Rennen gemacht und da es mit *Hollande* nicht so gut läuft wie mit Ihrem Liebling *Sarkozy*, kann bzw. muss sie sich einen neuen Partner suchen. Und wie sie im nächsten Kapitel sehen werden, hat sie den bereits gefunden.

Der ehemalige französische Präsident *Francois Mitterand* hat einer französischen Zeitung, auf die Frage was er zum Euro sagt, geantwortet: „Der Euro – das ist *Versailles* ohne Krieg!" Da hatte er allerdings die Rechnung ohne den Wirt gemacht. Denn *Deutschland* hat maßgeblich an der Schaffung des Euros mitgewirkt und ihn sich genau auf seine Bedürfnisse zuschneidern lassen. Und die EZB hat es sich auch nach *Frankfurt* geholt. Und wer heute dank dem Euro gut da steht, sieht man ja.

Helmut Kohl wusste wohl was er tat, denn er sagte 1995: *„Wir wollen die politische Vereinigung Europas. Ohne eine Währungsunion, kann es keine politische Union geben. Die Zukunft wird den Deutschen gehören, wenn wir das zukünftige*

Haus Europa bauen."

Frankreich wird in der heidnischen EU der zehn Staaten dabei sein, weil es eine entsprechende Geschichte hat. Durch den Einfluss der römischen Kirche waren in *Frankreich, wie sonst nirgends* in *Europa,* schwere Verfolgungen über *wahre* Christen ausgebrochen. In der *Bartholomäusnacht* 1572 wurden sehr viele Anhänger der Reformation ermordet. Die *Hugenotten.* erklärte man gar für vogelfrei. Das *Papsttum* in *Rom* billigte die Unterdrückung der Bevölkerung und rechtfertigte alles mit der Bibel, so dass die Bevölkerung die Bibel ablehnte, obwohl diese sie gar nicht kannte.

Am 26. November 1793 wurde sogar per Erlass der *Nationalversammlung* in *Paris,* die Religion offiziell abgeschafft. Alle religiösen Schriften, allen voran die *Bibel,* wurden verbrannt. *Frankreich* ist das *einzige* Land, das als Nation ihre Hand in offener Form gegen Gott, erhoben hat. *Frankreich* steht in der Weltgeschichte als einzige Nation da, wo durch Erlass seiner gesetzgebenden Versammlung erklärt wurde, dass es keinen Gott gibt, und in dessen Hauptstadt die Bewohner vor Freude tanzten, als sie dies hörten.

Hier eine Zusammenfassung eines Artikels der ‚Trumpet' vom 16. Januar 2014, der deutlich aufzeigt, dass das Rennen um die Führung in der EU entschieden ist:

Frankreich übergibt EU-Führung an Deutschland

Deutschland hatte die EU lange Zeit geführt, unter dem Deckmantel, einer *französischen-deutschen* Übereinkunft. Der ehemalige Präsident *Sarkozy* stimmte mit Kanzlerin *Merkel* so oft überein, dass sie als ‚Merkozy' bezeichnet wurden. *Hollande* allerdings drohte mit Krieg – wenn auch mit der friedfertigen Variante in den Konferenzräumen, statt auf dem Schlachtfeld. Könnte die Macht von *Frankreich, Italien* und *Spanien* Deutschland in die Knie zwingen? Man werde es nicht herausfinden, denn Herr *Hollande* habe niemals ernsthaft gegen Deutschland gekämpft.

Die ‚Südeuropäische Konföderation' habe sich nie manifestiert. Und auf der Pressekonferenz am Dienstag, habe *Hollande* offiziell das kämpfen aufgegeben und versprochen *Frankreich* wieder an die Seite *Deutschlands* zu führen. Der Großteil der Pressekonferenz war der Wirtschaft gewidmet. *Hollande* war Europas ‚Anti-Sparmassnahmen-Champion', aber nun sei er umgekehrt, auf den *deutschen* Weg, Dinge zu handhaben.

Die Welt spräche über *Frankreichs* Probleme. ‚Newsweek' habe vor einigen einen Wochen Artikel mit der Überschrift: **Der Fall von Frankreich** veröffentlicht. Dort liest man, dass die *Franzosen* ausrangiert worden seien. Natürlich dürfte *Frankreich* einige Konzessionen erhalten. Und *Frankreich* werde auch weiter Zugeständnisse erhalten. Aber *Deutschland* sitze jetzt auf dem Fahrersitz. Und *Frankreich* wird sich darüber nicht mehr streiten. *Hollande* hat das Handtuch geworfen.

Die ewige Stadt Rom & die große Hure Babylon

Italien ist aller Welt ein Begriff, zum einem wegen seiner geographischen Form eines Stiefels.

Und auch deshalb, weil auf seinem Territorium die ewige Stadt *Rom* liegt. Und diese spielte durch die Geschichte hindurch, *sowohl* als weltlicher wie religiöser Faktor, immer eine wichtige Rolle. So war ein Kernbereich *Italiens,* ebenso wie ein *deutsches* Kerngebiet, immer Bestandteil des jeweiligen ‚Heiligen Römischen Reiches'. Selbst wenn es nur Norditalien bis zur Mitte des Stiefels war, die Stadt *Rom* musste immer integriert sein, denn sonst wäre es ja nicht das *Heilige Römische* Reich gewesen. Und natürlich deshalb, weil es die Hauptstadt des *Römischen Reiches* war.

Nach dem Zerfall von *Napoleons* Reich blieben sowohl die *deutschen* Staaten bzw. Fürstentümer, wie auch *Italien* weiter für Jahrzehnte gespalten und relativ machtlos. Beide waren in Provinzen zersplittert und hatten schwer mit internen Streitigkeiten zu kämpfen. Im Jahre 1871 schaffte es dann *Bismarck,* alle deutschen, nicht-habsburgischen Länder unter dem preußischen König zu vereinen, während *Garibaldi* ähnliches gelang, indem er I*talien* unter dem ‚König von Sardinien' vereinte.

Ein halbes Jahrhundert später, kam ein so charismatischer

Mann in Italien an die Macht, der die Größe und den Ruhm des alten *Roms* wieder herstellen wollte. Es handelte sich dabei um den ‚Duce' *Benito Mussolini*. 1922 gelangte seine faschistische Partei, mit Segen des Königs, an die Macht. Die Faschisten leiteten ihren Namen von den *fasces* ab. Die *fasces* waren eine Axt in einem Rutenbündel, welche die Einheit und Autorität der Staatsmacht in *Rom* symbolisierte.

Mussolini unterzeichnete mit Papst *Pius XI*. 1929 den ‚Lateran-Vertrag'. Dieser schuf die Souveränität des *Vatikanstaates* und machte *Mussolinis* Regierung zur ersten in der Neuzeit, die vom Papst offiziell anerkannt wurde. Dieser bestätigte den *Katholizismus* als alleinige Religion in *Italien* und im Gegenzug hierfür, erkannte das Pontifikat den ‚Duce' *Mussolini* als den rechtmäßigen Herrscher *Italiens* an. Später gab sich *Mussolini* selbst den Titel „Römischer Imperator".

Dieses *Konkordat*, zwischen dem Papst und den Faschisten Italiens, war der Vorläufer des Konkordats, das Jahre später zwischen *Papsttum* und der nationalsozialistischen Regierung im *Deutschen Reich* geschlossen wurde.

Um den „Ruhm" *Italiens* wieder herzustellen, versuchte der ‚Duce' Gebiete zu erobern. *Äthiopien*, welches die Italiener 1896 aus *Ostafrika* vertrieben hatte, bot sich an. So marschierten *Mussolinis* Truppen in *Äthiopien* und auch *Somalia* ein. Obwohl die italienische Armee sich gezwungen sah, Giftgas einzusetzen, wurde es als enormer Sieg verklärt. 1936 erklärte *Mussolini* großspurig vom Balkon des Palazzo Venezia, dass dies, „nach fünfzehn Jahrhunderten die Wiedererscheinung des Imperiums auf den schicksalsträchtigen Hügeln Roms“ wäre. Danach schloss *Mussolini* das Bündnis mit *Adolf Hitler*. Daraus wurde später die Konstellation, die dann als die ‚Achsenmächte' bezeichnet wurden.

Dieser sechste Versuch, ein vereintes Europa in der Nachfolge des Römischen Imperiums zu errichten, ging 1945 zu Ende. Aber es wird eine letzte Auferstehung des ‚Heiligen Römischen Reiches' geben. Und *Deutschland* und *Italien*, werden auch an dieser letzten Auferstehung wieder beteiligt sein.

Bei allen Unterschieden weist die Geschichte der beiden Nationen auch Parallelen auf:

- bis ins 19. Jahrhundert eine politische Zersplitterung mit zahlreichen inneren Kriegen,
- im Vergleich zu anderen europäischen Staaten späte politische Einheit,
- ein daraus resultierender „Nachholbedarf" an imperialistischer Ausdehnungspolitik,
- Bitterkeit über den Ausgang des ersten Weltkrieges: Italien, fühlte sich um die „Teilnahme am Sieg" betrogen, Deutschland, wegen der Demütigung von Versailles.

Eine Nachkriegsparallele in beiden Ländern ist die, dass die Verträge mit dem Vatikan noch in Kraft sind. In *Italien* ist der *Katholizismus* nach wie vor die alleinige Staatsreligion und in *Deutschland*, treibt der Staat immer noch die Kirchensteuer ein, einmalig in der Welt.

Und wie man dem ‚EU-Observer' vom 21. September 2010 entnehmen konnte, ist *Italien* auch bereits jetzt schon wieder auf *deutscher* Linie: So habe der italienische Premierminister *Berlusconi* vorgeschlagen, falls die *Iren* erneut gegen den Lissabonvertrag stimmen, dass eine Gruppe europäischer Staaten ein ‚Kern-Europa' bilden könnten, um den Vertrag zu implementieren. Verschiedene Politiker und Wissenschaftler hätten diese Idee, eines inneren Kerns befürwortet, um die Integration weiter voran zu treiben, während eine neue Organisation, die Europäische Förderation, neben der existierenden EU, geschaffen wird.

Aber auch im *deutsch-italienischen* Verhältnis geht es nicht ganz ohne Argwohn, wie man ‚National Review Online' entnehmen kann: […] „Historische Zwänge rücken in den Vordergrund des europäischen Kontinents. Wenn Sie daran Zweifel haben, sehen Sie sich nur aktuelle deutsche und südeuropäische Zeitungen an, wo die Kommentare eher klingen, als gehörten sie ins Jahr *1938* anstatt ins Jahr 2012." […]

Das „vierte Reich" ist angekommen, schrieb die italienische Zeitung ‚Il Giornale'. *Alessandro Sallusti,* der Chefredakteur, beteuerte, dass *Italien* „nicht länger in Europa ist. Es befindet sich im ‚Vierten Reich'." Er kritisierte *Monti* dafür, dass er nicht gegen *Deutschland* aufstehe, in der Finanzkrise und verglich ihn anschaulich mit Premier *Neville Chamber-*

lain, berühmt wegen seiner vorschnellen Verkündigung von „Frieden für unsere Zeit", nach der Unterzeichnung des ‚Münchner Abkommens' mit *Hitler*.

Deutschland macht sich im Moment nicht gerade viele Freunde, aber offen gesagt, das ist auch gar nicht nötig. Der Euro hat große Schwierigkeiten, *Italien* hat Schwierigkeiten und es gibt nur einen Ort wo man sich deswegen hinwenden kann: das Kanzleramt in *Berlin*! Wenn *Deutschland* sich entscheidet, das verschuldete Europa, dank seiner boomenden Wirtschaft zu retten, kann es den vollen Vorteil daraus erzielen und seine Kontrolle über den Kontinent konsolidieren.

‚PressEurop' beobachtete, dass *Angela Merkel* im Tumult der Finanzkrise nicht alleine stehen bleiben will. Nachdem ihr langjähriger Partner *Nicolas Sarkozy*, nach der ersten Runde der Wahlen in *Frankreich* aus dem Rennen ist, suche die Kanzlerin nach einem neuen Verbündeten und *Mario Monti*, scheine der Mann der Wahl zu sein. Regierungssprecher *Steffen Seibert* hatte verkündet, dass *Merkel* und *Montis* Stäbe sich bereits treffen, um gemeinsame *deutsch-italienischer* Initiativen zu planen, welche die Wirtschaft stimulieren, die im Juni im Europäischen Rat diskutiert werden sollen.

Aber das ist noch lange nicht alles, denn der ‚Boston Globe' schrieb am 6. Juni 2013: **Deutschland und Italien werden neben den USA zur Führungsnation in Afghanistan**

Amerika, Deutschland und *Italien* werden die Führungsnationen in *Afghanistan* sein, wenn 2014 die Nato-Mission in die Nicht-Kampf-Phase übergeht. US-Verteidigungsminister *Hagel*, sagte am 5. Juni 2013, *Deutschland* wird weiterhin im Norden und *Italien* die Verantwortung im Westen übernehmen. [...]

Die unter *Hollande* schwach gewordene deutsch-französische Achse, ist nun durch eine *deutsch-italienische* Allianz ersetzt worden. Das ist die Verbindung, welche die letzte Auferstehung des ‚Heiligen Römischen Reiches', bestehend aus zehn Nationen vollenden wird. Die ‚Trumpet' vom 7. Mai 2013 sieht das so: **Merkel and Monti lassen die alte Achse Berlin-Rom wieder auferstehen**

Nachdem scheitern von *Sarkozy* bei den Wahlen, habe Kanzlerin *Merkel* sich an *Mario Monti* gewandt, um mit ihm eine neue Allianz, zu Führung der EU zu schmieden. *Berlin* und *Rom* werden von nun an die politischen Entscheidungen in der EU dominieren. [...] Seit dem Beginn der ‚Europäischen Gemeinschaft', sei die gemeinsame *französisch-deutsche* Führung, als gegeben hingenommen worden. [...] Doch statt dieser deutsch-französischen Allianz, gäbe es nun eine neue Partnerschaft. In Wirklichkeit sei dies keine andere, als die Wiederauferstehung der Achse *Berlin-Rom* von *1939*. [...]

Und auch der Staat im Staate Italien, der *Vatikan*, wird zwangsläufig wieder mit von der Partie sein. Der kleinste Staat der Erde, der jedoch weltweite Geltung beansprucht. Dieser ist genau das Gegenteil von dem, wofür er sich ausgibt.

Das Wort *Vatikan* setzt sich aus zwei Wörtern, nämlich Vatis = wahrsagend und Canus = Schlange zusammen. *Ich hoffe es hat jetzt bei Ihnen geklingelt!*

Merkwürdigerweise, findet man im *Petersdom*, immer wieder Gemälde und Statuen von Drachen. Und für wen dieser in der Bibel steht, sollten Sie wissen, aber für alle Fälle nochmal: für *Satan*, den Teufel. Eine Drachenstatue, scheint sogar den Sarkophag von Papst *Gregor XIII* zu bewachen. Sieht mir doch nach einer sehr vertrauensvollen Beziehung aus.

Die Herrschaft der römischen Kirche begann 538 n. Chr. Durch Kaiser *Justinian*, wurde per Dekret, der ‚Bischof von Rom' zum Haupt aller Kirchen, Begründer der Lehren und Richter der Ketzer ernannt. Der Historiker *W. H. Lecky* schreibt zur Herrschaft der römisch-katholischen Kirche im finsteren Mittelalter, in seinem Buch ‚Rationalismus in Europa', dass die Kirche von Rom mehr unschuldiges Blut vergossen habe als *irgendeine* andere Institution, die jemals existierte, was auch von niemandem in Frage gestellt würde, der eine ausreichende Geschichtskenntnis besitzt. Es sei unmöglich, sich eine Vorstellung der Zahl ihrer Opfer zu machen und es reiche keine Vorstellungskraft aus, um sich auch nur annähernd ihre Leiden vorzustellen.

Während des Mittelalters hat die *römisch-katholische* Kirche ca. 100-150 Mio. Menschen, grausam gefoltert und barbarisch hingerichtet. Das ist in der Summe mehr als beide

Weltkriege, der Holocaust, die Säuberungen von *Stalin* und die Herrschaft von *Mao* in China an Menschenleben gekostet hat. Und lassen sie sich nicht den Bären von wegen ‚Hexenverfolgung' aufbinden, die Kirche hat genau wie die großen Diktatoren, skrupellos alle ihre Widersacher zu vernichten gesucht.

Aber auch in der Neuzeit, spielte der *Vatikan*, immer wieder eine *schändliche* Rolle. Wie sie bereits weiter über oben gelesen haben, durch die Kollaboration mit *Hitler & Mussolini*, wie auch mit dem spanischen Diktator *Franco*, welcher ebenfalls im Schulterschluss mit dem *Vatikan* herrschte. Ebenso war es im Bürgerkrieg in *Jugoslawien*. Eine Woche, nachdem *Deutschland*, gegen den Willen der Rest der Welt, *Slowenien* und *Kroatien* diplomatisch anerkannt hatte, zog der *Vatikan* nach. Das zeigt uns, dass diese historischen Seilschaften immer noch weiter bestehen.

Das Buch der Offenbarung, hilft uns dabei, die große Hure Babylon zu identifizieren: *[...] die große Hure zeigen, die an den* ***vielen Wassern sitzt****, mit der die* ***Könige der Erde Unzucht*** *getrieben haben [...]*

Die vielen Wasser sind laut Bibel, Völker, Nationen und Sprachen, also *Europa*. Der *Vatikan* ist ein Staat und unterhält zahlreiche diplomatische Verbindungen zu anderen Staaten.

[...] Und ich sah ***eine Frau*** *auf einem scharlachroten Tier sitzen, das voll* ***Namen der Lästerung*** *war [...]*

Das die Farbe des Tieres scharlachrot ist, deutet wieder

auf Rom hin, denn die Fahne Roms, war scharlachrot. Die Namen der Lästerung beziehen sich auf die Papstkrone und insbesondere auf deren lateinische Inschrift welche lautet: ‚Vicarius filii dei', d.h. Stellvertreter Gottes auf Erden, eine Blasphemie erster Klasse!

Und die Frau war ***gekleidet in Purpur und Scharlach*** *und übergoldet mit* ***Gold und Edelsteinen und Perlen****; und sie hatte einen goldenen Becher in ihrer Hand, voll von Gräueln [...] Und ich sah die Frau berauscht vom* ***Blut der Heiligen*** *und vom Blut der Zeugen Jesu; [...]*

Dass die Frau in Purpur und Scharlach gekleidet und mit Edelsteinen geschmückt ist deutet ganz klar auf die katholische Priesterschaft und der goldene Becher voll der Gräuel bezieht sich auf die Opfer der Inquisition.

Hier ist der Verstand [nötig], der Weisheit hat! Die ***sieben Köpfe*** *sind* ***sieben Berge****, auf denen die Frau sitzt.* ***Und*** *[es] sind* ***sieben Könige****: Fünf sind gefallen, und der eine ist da — der andere ist noch nicht gekommen; [...]*

Rom ist als die Stadt auf sieben Hügeln bekannt und die sieben Könige sind die Herrscher der jeweiligen Auferstehung des „Heiligen" Römischen Reiches.

Auch wenn es in diesem Verhältnis zwischen den weltlichen Herrschern und der Geistlichkeit auch immer Argwohn und Rivalität gab, so fand doch Zusammenarbeit statt. Es ist bekannt, dass *Hitler* vorhatte, beide Kirchen völlig zu vernichten, aber erst nach dem gewonnen Krieg, um die Massen nicht gegen sich aufzubringen. Aber trotz dieser mörderischen Absicht kollaborierten beide miteinander. Ähnliches gilt für die Herrschaft *Napoleons*, der sich bekanntermaßen selbst krönte und 1798 den *Papst* gefangen nehmen ließ. Aber auch *Bonaparte* wusste, dass es nicht ganz ohne die Kirche gehen würde.

Die römisch-katholische Kirche entlarvt sich auch selbst und zwar durch ihre unbiblischen Lehren und Gebräuche:

- Fegefeuer und Höllenqual,
- Säuglingstaufe,
- Ablasshandel,
- Heiligenanbetung,
- Mariaverehrung,
- Heidnische Festtage und die
- Totenmesse.

All dieses werden sie mit keinem Wort in der Bibel erwähnt finden, aber das weiter zu erörtern, würde den Rahmen dieses Buches sprengen. Wer sich hierfür näher interessiert, sei auf mein Buch: ‚Vatikan – Wahrsagende Schlange' verwiesen.

Nun noch einige Zitate von Kirchenvätern, in denen diese sich ganz offen bekennen. Papst *Leo XIII.* in einem Rundschreiben 1894: *„Wir haben auf dieser Erde den Platz des allmächtigen Gottes inne."* *Feraris* in Prompta Bibliotheca, Art. „Papa": *„Der Papst ist von so großer Würde und Erhabenheit, dass er nicht einfach ein Mensch, sondern wie Gott ist."* Papst

Pius IX. in der Enzyklika vom 15.8.1854: *„Die abgeschmackten und irrigen Lehren oder Faseleien zur Verteidigung der Gewissensfreiheit sind ein höchst verderblicher Irrtum – eine Pest, die vor allem anderen in einem Staat am meisten zu fürchten ist." Bischof O'Connor* in der ‚Der große Kampf': *„Die Religionsfreiheit wird nur geduldet, bis das Gegenteil durchgesetzt werden kann, ohne die katholische Welt zu gefährden."*

Wer jetzt noch Schwierigkeiten damit hat, glauben zu können, dass es zur Ökumene kommen und die katholische Kirche nochmals weltliche Macht erringen wird, lese folgende kurze Auszüge aus Artikeln anlässlich des Besuchs von Papst *Benedikt XVI.* in *Deutschland* 2011. ‚Deutsche Welle' schrieb am 18. September:

Kanzlerin Merkel drängt Christen zur Einheit

[...] „Ich denke es ist wichtig, die Einheit der Christen, konstant auszubauen, in einer Zeit wo diese sich mit wachsender Säkularisierung konfrontiert sehen", sagte *Merkel.* [...]

‚BBC News' berichtet am 22. September: [...] Kanzlerin *Merkel,* Tochter eines lutheranischen Pastors, die in *Ostdeutschland* aufgewachsen ist sagte, die Vereinigung der Christen wird der Fokus des Papstbesuches sein. [...] Der *katholische* Bundestagspräsident *Norbert Lammert* sagte, als er den Papst willkommen hieß: *„Niemals zuvor hat ein Papst vor einem gewählten deutschen Parlament gesprochen." [...] „Wir müssen nicht nur über die Vereinigung der katholischen und protestantischen Kirchen reden, sondern wir müssen auch* *etwas tun um dies zu erreichen.“ […]*

Und nochmals ‚Deutsche Welle’ am 22. September: Der Papst sei mit Salutschüssen und militärischen Ehren, und von Präsident *Wulff* empfangen und begrüßt worden. Wulff habe zum Papst gesagt: „Willkommen zu Hause, heiliger Vater!“ In seiner Ansprache sagte er weiter, dass Millionen Menschen sich auf den Besuch des Papstes gefreut hätten. „Obwohl Kirche und Staat in *Deutschland* getrennt seien, bedeute dies nicht, das die Kirche abseits der Gesellschaft stünde, sie ist die Mitte der Gesellschaft. Ihr Besuch wird alle Christen und Menschen in *Deutschland* stärken“, habe *Wulff* gesagte.

Der Papst habe klar gemacht, dass die katholische Kirche die einzig wahre Kirche ist – die protestantischen Kirchen seien keine und sollten zur katholischen Kirche zurückkehren, sowie deren Doktrinen akzeptieren. […]

Die letzte Auferstehung des ‚Heiligen Römischen Reiches’ wird, wie auch die vorherigen, eine *Kombination* aus Staat und Kirche sein!

Die Meder – Der Bär im Osten

Nicht nur in unseren Tagen sprechen wir vom Bären als Symbol für *Russland.*

Bereits in **Daniel 7:5** finden wir das Bild des Bären um das *Medo-Persische Reich* zu illustrieren. Aber nicht nur Meder bezieht sich auf die antiken Vorfahren der heutigen Russen. Auch Worte wie im Land von *Magog, Mescheh* und *Tubal,* beziehen sich auf das Gebiet der heutigen *Ukraine, Russland* und den ehemaligen Sowjetrepubliken.

Russland wird, in gewisser Weise, auch ein Verbündeter Deutschlands bzw. dessen VSE sein. Das wird sich aber nach der Abservierung der Supermacht *USA,* wieder ändern. Es ist mehr ein Zweckbündnis um dies zu erreichen, denn beide Seiten, haben jeweils ihre eigenen Weltmachtambitionen. Wie Sie an folgenden Auszügen aus Artikeln sehen können, hat *Russland* in dieser Richtung auch bereits gehandelt. So schreibt der ‚Telegraph' vom 8. Oktober 2008:

Weißrussland und Russland stimmen gemeinsamen Verteidigungssystem gegen Nato zu

Vor einer Serie von Treffen zwischen Beamten des Verteidigungsministeriums der beiden Länder in *Moskau,* sagte *Pawel Borodin,* Kopf des Russland-Weißrussland Blocks, dass er erwarte, dass beide Seiten den Vertrag zur Vereinigung ihrer

Verteidigungssysteme am 2. November unterzeichenen. Er fügte hinzu, dass die Nato Osterweiterung die Schaffung dieses gemeinsamen Systems notwendig mache. „Militärisch gesprochen, ist es im Kern eine Verteidigung gegen die Nato“, sagte er RIA Novosti. Diese Stellungnahme wird als Reaktion auf die amerikanischen Pläne zur Aufstellung eines Raketenabwehrschildes in *Osteuropa* gesehen. [...]

Die ‚Trumpet' schrieb am 31. Januar 2011: **Russland steigert militärische Kooperation mit der Ukraine**

Russland und die *Ukraine* haben ein militärisches Übereinkommen verstärkt, das geschaffen wurde, um gemeinsame taktische Manöver des Generalstabes zu steigern. [...] „Wir haben unsere militärische Kooperation entschieden ausgedehnt“, sagte der ukrainische General *Pedchenko* am Samstag. [...] Dieser Vertrag mit der *Ukraine* wurde ein Jahr nach der Ratifizierung des Vertrages mit *Weißrussland* über die Entwicklung militärisch-technischer Kooperation, geschlossen.

Hier einige Fakten über das deutsch-russische Verhältnis, die Sie vielleicht noch gar nicht kennen. Wussten sie z.B. dass es im Kreml eine ‚Germanistenfraktion' gibt, die sich speziell um die *deutsche Frage* kümmert? Diese Frage lautet: „Was haben die Deutschen nur vor?“ Gegenfrage: „Müssen sie denn was vorhaben?“ Antwort: „Ja, die Deutschen haben immer etwas vor!“

Aus dieser Fraktion hier zwei erstaunliche Kommentare zum Zeitpunkt der deutschen Einheit. *Nikolai Ryzhkov*, Premier der Sowjetunion, sagte zu *Michail Gorbatschow*: *„Sollte es Deutschland erlaubt werden, sich zu seinen eigenen Bedingungen wieder zu vereinigen, dann wird es in 20-30 Jahren einen weiteren Weltkrieg starten."*

Jacques Attali, Berater des französischen Präsidenten sagte nach einem Gespräch mit einem Vertrauten Gorbatschows: *„Die UdSSR hat ihren Frieden gemacht, mit der Aussicht eines vereinten Deutschlands und wird nichts dagegen unternehmen. ... Das löste Angst bis Panik aus."*

Gerald Flurry in der ‚Trumpet':[...] "Ich denke es ist wahrscheinlich, dass *Deutschland* und *Russland* bereits einen Pakt geschlossen haben. [...] Beide Nationen trachten danach, ihre gemeinsamen Grenzen abzusichern, damit sie ihren imperialen Absichten anderswo, nachgehen können. Dies ist ein Vorbote des Krieges!" [...]

Im Kontext der Ankündigung der Bundesbank, einen beträchtlichen Teil der Goldreserven zurück nach *Frankfurt* zu holen, erschien ein Artikel in dem es hieß: [...] „Deutschland hat seine Grenzen mit *Russland* abgesichert. Seine Absicht, sein Gold in *Frankfurt* zu lagern, beweist, dass es *Russland* nicht mehr wie einst fürchtet. Nun, mit abgesicherter Ostflanke, wird es sich um *Paris* kümmern, um die uneingeschränkte Kontrolle über den Kontinent zu erlangen. Nachdem es seinen einzig großen Konkurrenten unterworfen hat, wird es sich *Großbritannien* und die *USA* vornehmen." [...]

Auch der Schulterschluss zwischen *Russland, Frankreich* &

Deutschland, gegen den *Irakkrieg 2003* darf nicht vergessen werden. *Gerhard Schröder* war der gefeierte Initiator dieses Widerstandes. Auch Jahre später, gab es solche ‚Deals', die jeweils in Opposition zu den Interessen der *USA* standen, und immer mit deutscher Beteiligung oder Federführung:

- *Deutschland* und *Frankreich,* sprachen sich gegen Sanktionen aus, nachdem *Russland, Georgien* überfallen hatte,
- *Deutschland* blockierte den Wunsch nach einem Nato-Beitritt der *Ukraine* und
- es bezog Stellung gegen den in *Europa* geplanten Raketenabwehrschild der *USA.*

Russland zeigte sich im Gegenzug, großzügig gegenüber *Deutschland,* mit einer *Exklusiv*-Pipeline für Gas von *Russland,* direkt durch die Ostsee, nach *Deutschland.* Somit ist *Deutschland* auch der Verteilposten für russisches Gas an seine europäischen Nachbarn. Und so wird *Deutschland* nicht mehr davon betroffen sein, wenn *Russland* der *Ukraine* mal wieder den Gashahn zudreht, um es an die Leine zu nehmen.

Im Februar 2010, verkaufte der Westen, in diesem Fall *Frankreich,* zum ersten Mal seit vor dem 1. Weltkrieg, wieder Militärgerät, in Form eines Kriegsschiffes, an *Russland.* Und im *Libyenkrieg* 2011 bot *Deutschland* zusammen mit *Russland* und *China* den *USA* die Stirn, verweigerte jegliche Beteiligung und zog seine Kriegsschiffe aus dem Mittelmeer zurück. Langsam könnte man schon von einer Tradition sprechen.

Vielleicht lag es aber auch an einer Rede vom russischen Ex-Präsidenten *Medvedev*, der Jahre zuvor, laut ‚Daily Telegraph' vom 8. Oktober 2008, eine Rede vor europäischen Staatsleuten gehalten hat: **Russischer Präsident Dimitry Medvedev ruft Europa auf die USA kalt zu stellen**

Der Russische Präsident, *Dimitry Medvedev*, hat die Führer *Europas* aufgerufen, eine neue Weltordnung zu schaffen, welche die Rolle der *USA* minimiert. In einer Rede vor europäischen Führern, auf einer Konferenz in *Frankreich*, um die internationale Finanzkrise zu diskutieren, strebte *Medvedev* danach, aufzuzeigen, dass die *USA* die Wurzel aller Probleme der Welt sind. Er lastete *Washingtons* „ökonomischen Egoismus", die Schuld für die finanziellen Leiden der Welt an und beschuldigte die Bush-Regierung, *Europa* an den Rande eines neuen kalten Krieges zu treiben, durch die bewusste Betreibung einer trennenden Außenpolitik. Er behauptete ebenfalls, dass die *USA* versuchten, wieder zu einer Politik der Eindämmung *Russlands* zurückführen zu wollen. [...]

Das nenne ich deutliche Worte bzw. eine klare Ansage! Es gibt im Internet ein bemerkenswertes Video, mit dem Titel „Putin empfängt Gäste auf G20 Gipfel in St. Petersburg". Das Video hat eine Laufzeit von gerade einmal 3 Minuten, keinen Text, aber viel sagende Bilder. Man sieht darin, wie *Putin* zunächst Gäste empfängt. Es beginnt mit UN-Generalsekretär *Ban-Ki Moon*. Es folgt die Begrüßung, das obligatorische Pressefoto und dann der Abgang. Als nächstes *Christine Lagarde* vom IWF und dann kommt EU-Kommissionspräsident *Barosso*, selbe Prozedur.

Es folgt der britische Premier *David Cameron*, der wohl zumindest zwei Sätze mit *Putin* austauscht. Dann kommt der chinesische Generalsekretär und als das Video schon halb vorbei ist, kommt das entscheidende: Eine neue Limousine mit *schwarz-rot-goldener* Fahne, fährt vor und die ‚eiserne' Kanzlerin steigt aus dem Wagen. Die beiden Herrschaften, die beide sowohl der deutschen wie russischen Sprache mächtig sind, nehmen sich doch glatt ganze 30 Sekunden für eine kurze Unterhaltung!

Danach geht es mit dem französischen Präsidenten *Hollande* und US-Präsident *Obama* weiter wie zuvor, nur das nötigste. Bemerkenswert ist auch, dass nicht einmal *Obama* kurz mit *Putin* geredet hat. Wenn sie nun noch wissen, dass es bis kurz vor dem Gipfel Unstimmigkeiten bzgl. der Haltung zum Syrienkonflikt gegeben, und *Deutschland* verkündet hatte, abzuwarten, bis sich der Rest der EU, auf eine gemeinsame Haltung geeinigt habe, können sie diese Video adäquat interpretieren.

Ich bin mir sicher, dass genau dieser Punkt in dem Smalltalk thematisiert worden ist. Deshalb ist meiner Meinung nach klar, was dieses Video zeigen sollte, nämlich wer in der Welt wirklich die Zügel in der Hand hält und das Sagen hat.

Hierzu ein Zitat von *Gerald Flurry* aus der Philadelphia Posaune Oktober 2008: „Wie auch immer, ich glaube also nicht, dass *Russland* große Angst vor den *USA* hat. Ja, die *USA* könnten es bombardieren, aber das ist sehr unwahrscheinlich. Die Nation, die *Russland* wirklich fürchtet, ist *Deutschland.*“

Nun, wie könnte der Mann zu dieser Einschätzung gelangt sein? Hier meine Vermutung dazu: Nach den beiden Weltkriegen, in denen *Deutschland* mit *Österreich*, große Gebiete *Russlands* erobert hat, sollte das nicht schwer zu verstehen sein. Wussten Sie, dass das *Deutsche Kaiserreich* mit der Donau-Monarchie, 1916 den 1. Weltkrieg praktisch schon gewonnen hatte, was nur durch den Eintritt der *USA* in den Krieg, gedreht werden konnte?

Dass die Wehrmacht im 2. Weltkrieg kurz vor *Moskau* stand und nur General Winter, wie schon bei *Napoleon*, einen Strich durch die Rechnung machte? Dazu ein Zitat von *Winston Churchill*: *„In den letzten 70 Jahren, hat Deutschland seinen Namen, groß auf die Schlachtfelder geschrieben. Nichts außer einem Wandel des deutschen Herzens, kann eine weitere Katastrophe verhindern und das wird wahrscheinlich nicht von innen kommen, denn die wahre deutsche Natur, hat sich nie verändert.“*

Deutschland und *Russland* brauchten einander schon immer. Die Zusammenarbeit zwischen diesen beiden Nationen hat Tradition. Durch das ‚Abkommen von Rapallo', zwischen der *Weimarer Republik* und der *Sowjetunion*, wurde es ermöglicht, die Verbote des *Versailler Vertrages* bzgl. der Armee zu umgehen und *Russland* bekam im Gegenzug technisches Know-how von den Deutschen. Die deutsche Seite war so zufrieden, dass sie sogar einiges des militärischen Gerätes den Russen geschenkt hat.

Der *Hitler-Stalin-Pakt* sollte jedem ein Begriff sein und auch in der Gegenwart brauchen beide sich gegenseitig, wie man der ‚New York Times' vom 25 Oktober 2008 entnehmen kann: [...] „Auf lange Sicht ist das Ziel, die russische Wirtschaft in Europa zu integrieren. Wir sind noch weit davon entfernt. Aber *Deutschland* hat nicht vor aufzugeben. Es steht einfach zu viel auf dem Spiel.

Russlands riesige, natürliche Ressourcen und *Deutschlands* ingenieurtechnische Fähigkeiten, bringen beide öfter zusammen, als sie zu trennen. Heute dreht sich das Verhältnis um *Deutschlands* Durst nach russischen Öl und Gas und ebenso um *Russlands* Bedarf nach Kapitalinvestitionen und Produktionsscharfsinn." [...]

Es gibt eine falsche Ansicht, vielleicht auch nur eine Verwechslung, bzgl. der Rolle *Russlands* in der Endzeit. Diese beruht darauf, dass eine Prophezeiung im Buch **Hesekiel**, fälschlicherweise auf die Zeit *vor* der Wiederkunft Jesu gedeutet wird. Aber diese Prophezeiung bezieht sich auf das Millennium, also die Zeit *nach* der Rückkehr von Jesus.

Edom – Für eine Schüssel roter Suppe

Auch die moderne *Türkei*, hat ihre antiken Vorfahren und trotz des islamischen Glaubens, finden wir auch diese in der Bibel erwähnt.

Ursprünglich ist *Esau*, wie auch *Assur*, ein Nachfahre des ‚Hauses Israels'. Aber so wie *Assur* sich von seinem Vater trennte und eigene Wege beschritt, so tat dies auch *Esau*. Er war der erstgeborene Sohn *Isaaks*. Er hatte einen Zwillingsbruder *Jakob*, der kurz nach ihm geboren wurde. Von Anfang an gab es einen Konflikt in dieser Beziehung und dieser setzt sich bis in die Endzeit, also heute, fort.

Ursprünglich war *Esau* der Erbe des Erstgeburtsrechts, aber er tauschte sein Erstgeburtsrecht für eine ‚Schüssel roter Suppe'. So steht es im Buch **Genesis 25:29-33:**

Esau verkauft sein Erstgeburtsrecht

Und Jakob kochte ein Gericht. Da kam Esau vom Feld und war erschöpft. Und Esau sprach zu Jakob: Lass mich von dem roten [Gericht] da hinunterschlingen, denn ich bin erschöpft! Daher gab man ihm den Namen Edom. Da sprach Jakob: Verkaufe mir heute dein Erstgeburtsrechte! Und Esau sprach zu Jakob: Siehe, ich muss doch sterben; was soll mir das Erstgeburtsrecht? Jakob sprach: So schwöre mir heute! Und er schwor, ihm und verkaufte so dem Jakob sein Erstgeburtsrecht für ein Linsengericht. Und er aß und trank und stand auf und ging davon. So verachtete Esau das Erstgeburtsrecht.

Das Erstgeburtsrecht beinhaltet all den Wohlstand und die Macht, welche die *USA* und *Großbritannien* bzw. ‚Ephraim und Manasse' erhalten haben. Seitdem verwendete Gott also für die Nachfahren von *Esau*, den Namen *Edom*, was „Eine Schüssel rote Suppe" heißt.

In diesem Verhältnis gibt es eine lange Geschichte von Verrat. Und so wie sich auch die antiken Verwicklungen zwischen *Assyrien* und dem ‚Haus Israel', in der Neuzeit wiederholt haben, so wird es auch diesem Falle geschehen. Die *Türkei* wird den Nato-Partner *USA* verraten und sich auf die Seite *Deutschlands* stellen. Deshalb wird sie auch wie im **Psalm 83** geschrieben, dem Zugriff, des ‚König des Nordens' entrinnen. Lesen sie dazu in **Obadja 1:10-11** Edoms Schuld:

Die Grausamkeit gegen sein Brudervolk Israel

Wegen der Grausamkeit gegen deinen Bruder Jakob soll dich Schande bedecken, und du sollst auf ewig ausgerottet werden! An jenem Tag, als du dabeistandest, an dem Tag, da Fremde sein Hab und Gut wegführten und Ausländer zu seinen Toren einzogen und das Los über Jerusalem warfen, da warst du auch wie einer von ihnen!

Diese Verse beziehen sich auf die Verschwörung in der Endzeit gegen das ‚Haus Israel'. Die *Türkei,* wird auf der Seite der ‚Vereinigten Staaten von Europa' stehen, aber nicht wirklich zum Club gehören, als vollwertiges Mitglied. Das meint der letzte Halbsatz „da warst du einer von ihnen." Das spielt wohl auf den Schwebestatus der *Türkei* bzgl. der Aufnahme in die EU an.

Wie schon im 1. Weltkrieg, als das *Osmanische Reich* sich dem Bündnis zwischen *Österreich-Ungarn* mit dem *Deutschen Reich* anschloss, so wird es auch im 3. Weltkrieg wieder auf der Seite *Deutschlands* stehen.

Im frühen 20. Jahrhundert brodelte es in *Europa* und so musste sich auch das *Osmanische Reich* entscheiden, auf welche Seite der beiden Bündnisse es sich stellen sollte. Man entschied sich für die Entente, also das Bündnis aus *Frankreich, Russland* und *Großbritannien*. Man bot sich dreimal den *Briten* an, 1908, 1911 und 1913, aber jedes Mal wurde das Angebot abgelehnt. So wendete man sich danach an das *Deutsche Kaiserreich* und erhielt sehr schnell die Zusage zur Aufnahme in die Allianz zwischen, *Deutschland, Österreich-Ungarn* und *Italien*.

Berlin sandte bereitwillig Truppen und Offiziere ins *Osmanische Reich*, um bei der Restrukturierung des türkischen Militärs zu helfen. Das türkische Militär übernahm so deutsche Taktiken und auch Ausrüstung und wurde zu einer schlagkräftigen Armee. Das *Osmanische Reich* hatte im Gegenzug sein Territorium, welches sich vom Golf von Aden bis zum Roten Meer erstreckte und *Jordanien* sowie den heutigen *Irak* einschloss, und damit den wichtigen Rohstoff Öl zu bieten. Ebenso seine Gebiete in den Dardanellen sowie die Kontrolle über die Durchfahrtswege am Bosporus zwischen Mittelmeer und Schwarzem Meer. Dies bot die Möglichkeit des direkten Handels und Transportes von Rohstoffen, was wiederum von deutschen Kriegsschiffen abgesichert wurde. Ausserdem bot es dem *Deutschen Reich* die Möglichkeit zur Kontrolle der beiden Meere und ermöglichte im Schwarzen Meer Angriffe auf *Russland*.

Diese Beziehungen blieben über den Krieg hinaus bestehen und auch im 2. Weltkrieg erfüllte die *Türkei* eine wichtige Rolle für das *Deutsche Reich*. Zwar verhielt sie sich ebenso wie *Spanien* neutral, aber es belieferte *Deutschland* mit wichtigen Rohstoffen zur Waffenproduktion. Und *Deutschland* stellte erneut die benötigten logistischen Ressourcen wie z. B. 100 Lokomotiven und 1.000 Transporter. Ohne diese Lieferungen aus der *Türkei*, wäre *Nazideutschland* gar nicht in der Lage gewesen, seine Militärmaschinerie zu unterhalten.

Dieses Bündnis bietet sich auch an, denn schließlich ist auch ‚Assur' ein Feind des ‚Hauses Israel'. Nun noch zur Prophetie für Edom:

So spricht der HERR: Wegen drei und wegen vier Übertretungen Edoms werde ich es nicht abwenden: Weil er seinen Bruder mit dem Schwert verfolgt und sein Erbarmen abgetötet hat, und weil sein Zorn stets zerfleischt und er seinen Grimm allezeit behalten hat; darum will ich ein Feuer nach Teman senden, das die Paläste von Bozra verzehren soll.

Die Statue im Traum Nebukadnezars

Der Prophet *Daniel* war ein tiefgläubiger Mann.

Durch die Eroberung *Israels* durch die Babylonier war auch er in Gefangenschaft geraten und lebte deshalb in der Stadt *Babylon*. Als ihm zugetragen worden war, dass der König jemanden suche der ihm seinen Traum deuten könne, bat er Gott um Hilfe dafür. Er hoffte so seiner Hinrichtung zu entgehen.

Die **Kapitel 2** über den Traum *Nebukadnezars*, **Kapitel 7** über die Vision der vier Weltreiche, **Kapitel 8** und das Gleichnis, sowie das **Kapitel 11** über die Könige im Buch des Propheten *Daniel*, sind für uns, die wir in der Endzeit leben, von Bedeutung. Das gesamte Buch *Daniels* ist für die Endzeit gedacht und deshalb sollte er es zunächst auch versiegeln, bis man es in der Zeit für die es gedacht ist, entschlüsselt und wertvolle Erkenntnisse darin findet.

Vor über 2.500 Jahren, hatte der König von Babylon - Nebukadnezar, einen Traum, den er nicht verstand und der ihm Angst bereitete. Alle seine Wahrsager, Zeichendeuter und Astrologen konnten dem König den Traum nicht deuten. Doch ein Mann aus dem ‚Hause Israel', der als Gefangener in *Babylon* lebte (Daniel), konnte ihn mit der Hilfe von Gott, dem König deuten.

Mit deinem Traum und den Gesichten deines Hauptes auf deinem Lager verhielt es sich so: Dir, o König, stiegen auf deinem Lager Gedanken darüber auf, was nach dir geschehen werde, und da hat dir der, welcher Geheimnisse offenbart, mitgeteilt, was geschehen wird. [...] Du, o König, schautest, und sahst, ein erhabenes Standbild. Das Haupt dieses Bildes war aus gediegenem Gold, seine Brust und seine Arme aus Silber, sein Bauch und seine Lenden aus Kupfer, seine Oberschenkel aus Eisen, seine Füße teils aus Eisen und teils aus Ton.

Du sahst zu, bis sich in Stein losriss ohne Zutun von Menschenhänden und das Bild an den Füßen traf, die aus Eisen und Ton waren, und sie zermalmte. Da wurden Eisen, Ton, Kupfer, Silber und Gold miteinander zermalmt; und sie wurden wie Spreu auf den Sommertennen, und der Wind verwehte sie, so dass keine Spur mehr von ihnen zu finden war. Der Stein aber, der das Bild zertrümmert hatte, wurde zu einem großen Berg - und erfüllte die ganze Erde.

Das ist der Traum; nun wollen wir vor dem König auch seine Deutung verkünden: Du, o König, bist ein König der Könige, dem der Gott des Himmels das Königtum, die Macht, die Stärke und die Ehre gegeben hat; du bist das Haupt aus Gold! Nach dir aber wird ein anderes Reich aufkommen, geringer als du; und ein nachfolgendes drittes Königreich, das eherne, wird über die ganze Erde herrschen.

Und ein viertes Königreich wird sein, so stark wie Eisen ebenso wie Eisen alles zermalmt und zertrümmert, und wie Eisen alles zerschmettert, so wird es auch jene alle zermalmen und zerschmettern. Dass du aber die Füße und Zehen teils aus Ton und teils aus Eisen bestehend gesehen hast, bedeutet, dass das Königreich gespalten sein wird; aber es wird etwas von der Festigkeit des Eisens in ihm bleiben, gerade so, wie du das Eisen mit lehmigem Ton vermengt gesehen hast.

Und wie die Zehen der Füße teils aus Eisen und teils aus Ton waren, so wird auch das Reich zum Teil stark und zum Teil schwach sein. Dass du aber Eisen mit Tonerde vermengt gesehen hast, bedeutet, dass sie sich zwar untereinander vermischen, aber doch nicht aneinander haften werden, wie sich ja Eisen mit Ton nicht vermischt.

Aber in den Tagen jener Könige wird der Gott des Himmels ein Königreich aufrichten, das in Ewigkeit nicht untergehen wird; und sein Reich wird keinem anderen Volk überlassen werden; es wird alle jene Königreiche zermalmen und ihnen ein En-de machen; es selbst aber wird in Ewigkeit bestehen; ganz so wie du gesehen hast, dass sich von dem Berg ein Stein ohne Zutun von Menschenhänden losriss und das Eisen, das Kupfer, den Ton, das Silber und das Gold zermalmte. Der große Gott hat den König wissen lassen, was nach diesem geschehen soll. Und der Traum ist zuverlässig, und seine Deutung steht fest!

In **Daniel 2** wird nur *Babylon* erwähnt. Es ist jedoch auch historisch möglich, die anderen Weltreiche der Statue ausfindig zu machen. Das erste war das Reich *Nebukadnezars*, das Chaldäerreich, „Babylon“ genannt nach der Hauptstadt, 625 -

539 v. Chr. Das zweite Reich, das darauf folgte, wir wissen es aus der Geschichte, war das *Persische Reich*, 558 - 330 v. Chr., oft *Medo-Persien* genannt, nach den Völkern der Meder und Perser.

Wer in Geschichte fit ist weiß, dass das dritte Reich *Griechenland-Mazedonien* von *Alexander dem Großen* war, der 333 - 330 das *Perserreich* unterwarf. Nur ein kurzes Jahr konnte *Alexander* seinen Sieg auskosten, dann teilten Heerführer, die so genannten *Diadochen*, nach dem Tod *Alexanders* sein Reich unter sich auf.

Und das vierte Reich, „furchtbar und sehr stark", war das Imperium *Romanum* (31 v. Chr. - 476 n. Chr.). *Nebukadnezars* Bild hatte zwei Beine, was auf die Teilung des Reiches nach 330 n. Chr. deutet – *Westrom* mit der Hauptstadt *Rom* und *Ostrom* die Hauptstadt *Konstantinopel*. Nach dem Untergang *Roms* 476 n. Chr., gingen aus ihm die zehn *Germanenstämme* hervor, die in der Statue durch die 10 Zehen der Füße bzw. durch die 10 Hörner in **Daniel 7**, dargestellt sind.

Die Vision der vier Weltreiche

Eines Nachts hatte der Prophet *Daniel* eine Vision.

Ich sah bei Nacht in meinem Gesicht, und siehe, die vier Winde des Himmels brachen los auf das große Meer; und vier große Tiere stiegen aus dem Meer empor, jedes verschieden vom anderen: Das erste glich einem Löwen und hatte Adlerflügel. Ich schaute, bis ihm die Flügel ausgerissen wurden und es von der Erde aufgerichtet und wie ein Mensch aufrecht auf seine Füße gestellt wurde und wie ihm ein menschliches Herz gegeben wurde.

Wer in **Daniel 4** liest, wird erfahren warum sich diese Vision des Löwen auf *Nebukadnezar* beziehen muss. Aufgrund von Stolz war dieser für sieben Jahre verrückt geworden, und lebte mit den Tieren und auch wie ein Tier, bis Gott ihn wieder herstellte. Dies wird dadurch symbolisiert, dass er ein menschliches Herz bekam und, dass er wieder aufrecht gehen kann. Somit ist, wie schon in **Daniel Kapitel 2** und der Statue, das erste Reich identifiziert und es ist klar welche folgen werden. Da wir aufgrund von **Daniel Kapitel 4**, den Löwen eindeutig mit *Nebukadnezar* und seinem Reich *Babylon* identifiziert können, ist es logisch anzunehmen, dass die folgenden Reiche, denen der Statue aus *Daniel* entsprechen. Aber auch hier sind Spekulationen unnötig, denn in **Kapitel 8,** wird diese Version näher erläutert.

Und siehe, das andere, zweite Tier glich einem Bären; und es war auf einer Seite aufgerichtet und hatte drei Rippen in seinem Maul zwischen seinen Zähnen; und es wurde zu ihm so gesprochen: Steh auf, friss viel Fleisch!

Das der Bär auf einer Seite aufgerichtet ist, deutet darauf hin, dass in diesem Doppelreich, ein Volk, die *Perser* stärker als die *Meder* waren. Die drei Rippen in seinem Maul, stellen die drei Reiche dar, die von diesem Reich überrannt und vereinnahmt worden sind: *Lydien*, *Ägypten* und *Babylon*.

Danach schaute ich weiter und siehe, ein anderes [Tier] wie ein Panther; das hatte vier Vogelflügel auf seinem Rücken; auch vier Köpfe hatte dieses Tier, und ihm wurde Herrschaft verliehen.

Der Panther als eines der schnellsten Tiere zusätzlich mit vier Flügeln ausgestattet, stellt *Alexander den Großen* und dessen atemberaubend, schnelle Eroberungsfeldzüge dar. Die vier Köpfe deuten auf die Vierteilung seines Riesenreiches, nach seinem Tod, durch seine Generäle hin.

Nach diesem sah ich in den Nachtgesichten und siehe, ein viertes Tier, furcht erregend, schrecklich und außerordentlich stark; es hatte große eiserne Zähne, fraß und zermalmte und zertrat das Übrige mit den Füßen; es war ganz anders als alle vorherigen Tiere und hatte zehn Hörner.

Hierbei kann es sich, schon aufgrund der Parallelen zu **Daniel 2**, nur um *Rom* handeln. Ebenfalls sind die eisernen

Zähne eine Anspielung auf das „eiserne Rom". *Daniel* erklärt später, dass die zehn Hörner Könige darstellen. Diese zehn Könige entstammen den 10 germanischen Stämmen, welche aus dem *Römischen Reich* hervorgingen.

Im 5. Jahrhundert, nach Angriffen der Barbaren, wurde *Rom* selbst – zum ersten Mal seit Jahrhunderten – erobert und geplündert. Nachdem das *Römische Reich* im Westen zusammen gebrochen war, versuchten nacheinander drei Führer von barbarischen Stämmen und zwar die *Ostgoten, Heruler* und zuletzt die *Vandalen,* die Nachfolge des römischen Kaisers anzutreten.

So wurde auch jedes dieser Völker vom oströmischen Kaiser offiziell als legitime Regierung im Westen anerkannt. Zuletzt nachdem im Jahre 429 n. Chr. West-Rom von den *Vandalen* überrannt, besiegt und vernichtet worden war. Nach Jahren des Kampfes, schlossen sie im Jahre 435 einen Vertrag, mit dem sie als Fortführung des Imperiums in Nordafrika anerkannt wurden.

Doch die *Vandalen* versuchten, ihren Machtbereich auszuweiten und die komplette Übernahme des *Römischen Reiches* anzustreben. Im Jahr 455 n. Chr. plünderten sie dann *Rom* und zwar so gründlich, dass sich bis heute die Redewendung „Vandalismus" erhalten hat, um einen rücksichtslosen Umgang mit fremden Eigentum zu beschreiben. Obwohl dem *Römischen Reich* somit eine tödliche Wunde. zugefügt wurde, war dies noch nicht das Ende vom Lied!

Offenbarung 13:3 *Und ich sah einen seiner Köpfe wie zu Tode verwundet, und seine Todeswunde wurde geheilt. Und die ganze Erde sah verwundert dem Tier nach.*

Es gab da noch einen weiteren, an Einfluss gewinnenden Faktor im Westen, der letztlich ihren Niedergang und sogar ihr völliges Verschwinden verursachte. Dies war der *Bischof von Rom.* **Daniel 7:8** *Während ich Acht gab auf die Hörner, siehe, da stieg ein anderes, kleines Horn zwischen denselben auf, und drei der vorherigen Hörner wurden vor ihm ausgerissen;*

Das kleine Horn symbolisiert das *Papsttum*. Die Stämme der *Vandalen*, *Heruler* und *Ostgoten* waren diesem ein Dorn im Auge. Obwohl sie sich zum Christentum bekannten, waren sie Anhänger des sogenannten *Arianismus*, einer Glaubensrichtung, welche die Dreieinigkeit ablehnte. Sie wurden deshalb als Bedrohung für die religiöse Einheit angesehen.

Die ersten drei Reiche, die aus dem alten Imperium empor kamen, also die *Vandalen*, *Heruler* und *Ostgoten*, wurden ausgerottet. Die Macht des oströmischen Kaisers *Justinian* ermöglichte dieses „Ausreißen“ auf Geheiß des *Papstes*. Durch die „Imperiale Restauration“ Justinians von 554 n. Chr. „heilte“ schließlich die „tödliche Wunde“ und dies war gleichzeitig, der erste von sechs historischen Anläufen, das Reich *Roms* als ‚Heiliges Römisches Reich’ wieder zu erwecken.

Und gemäß der Bibel wird es in der nahen Zukunft noch einen siebten und letzten Versuch geben.

Im folgenden eine Übersicht, über die bisherigen Wiederbelebungen des *Römischen Reiches* im Bund mit dem *Papsttum*.

Die 7 „Heiligen“ Römischen Reiche (HRR)

1. Imperiale Restauration 554 A.D.
   durch Kaiser Justinian
2. HRR 800 A.D. Karl der Große gekrönt
   von Papst Leo III.
3. HRR Deutscher Nation, Otto der Große 962 A.D.
   gekrönt von Papst Johannes XII.
4. Habsburger Reich 1530 A.D. unter Karl V.
   gekrönt von Papst Clemens VII.
5. Napoleon Bonaparte 1804, ‚Krönung' statt
   durch Papst Pius VII. durch Bonaparte selbst
6. Mussolini & Hitler 1922 und Kollaboration mit
   den Päpsten Pius XI. & XII.
7. Vereinigte Staaten von Europa in Verbindung
   mit Papst Franziskus

Die tödliche Wunde muss sich auf Untergang oder die Vernichtung eines Reiches beziehen. Denn eines der Häupter hat die Wunde, nicht das kleine Horn! So wird dies irrtümlicherweise von den ‚Siebten Tags Adventisten' interpretiert. Auch wenn es stimmt, dass auch dem Papsttum ein Ende bereitet wurde, wie Sie im Kapitel über den *Vatikan* erfahren haben, darf man dies aber nicht verwechseln, ebenso wenig wie die Zahl des Tieres mit dem Papst und seiner Krone in Verbindung zu bringen, wie dies die Adventisten tun. Und da ich gerade bei den Adventisten bin, diese interpretieren auch das Lamm in **Offenbarung 13** und anderes falsch. Deshalb rate ich grundsätzlich davon ab, sich auf deren Auslegungen der Bibelprophetie zu verlassen.

Während ich acht gab auf die Hörner, siehe, da stieg ein anderes, kleines Horn zwischen denselben auf, und drei der vorherigen Hörner wurden vor ihm ausgerissen; und siehe, dieses Horn hatte Augen wie Menschenaugen und ein Maul, das große Dinge redete.

Für diesen neuen Machtfaktor, der in der Vision aus **Daniel 2** noch fehlt, finden wir in **Daniel 8** und auch in der **Offenbarung 13** und **17**, noch weitere Hinweise.

Ich sah fortwährend hin wegen des Lärms der hochfahrenden Reden, die das Horn führte; ich sah zu, bis das Tier getötet und sein Leib umgebracht und einem brennenden Feuer ausgeliefert wurde. Auch die Herrschaft der anderen Tiere verging; und ihre Lebensdauer wurde ihnen auf Zeit und Stunde bestimmt.

Die Deutung des Gesichtes von den vier Tieren

Hierauf wünschte ich sichere Auskunft über das vierte Tier, das sich von allen anderen unterschied, das so furcht erregend war und eiserne Zähne und Klauen hatte, das fraß und zermalmte und das Übrige mit seinen Füßen zertrat; auch über die zehn Hörner auf seinem Kopf und über das andere Horn, das emporstieg und vor dem drei ausfielen; nämlich jenes Horn, welches Augen hatte und ein Maul, das große Dinge redete, und das so viel größer aussah als seine Gefährten.

Ich sah, wie dieses Horn Krieg führt, mit den Heiligen und sie überwand, bis der Hochbetagte kam und den Heiligen des Allerhöchsten das Gericht übergab und die Heiligen das Reich in Besitz nahmen. Er sprach: Das vierte Tier bedeutet ein viertes Reich, das auf Erden sein wird; das wird sich von allen anderen Königreichen unterscheiden, und es wird die ganze Erde fressen, zerstampfen und zermalmen. Und die zehn Hörner bedeuten, dass aus jenem Reich zehn Könige aufstehen werden; und ein anderer wird nach ihnen aufkommen, der wird verschieden sein von seinen Vorgängern und wird drei Könige erniedrigen.

Und er wird [freche] Reden gegen den Höchsten führen und die Heiligen aufreiben, und er wird danach trachten, Zeiten und Gesetz zu ändern; und sie werden in seine Gewalt gegeben für eine Zeit, zwei Zeiten und eine halbe Zeit. Aber das Gericht wird sich setzen und ihm die Herrschaft wegnehmen, um sie endgültig zu vertilgen und zu vernichten.

Diesen Versen, können wir folgendes entnehmen:

- diese Macht geht aus dem Römischen Reich hervor,
- sie kam zeitlich nach den Germanen auf,
- von welchen, auf ihren Geheiß, 3 vernichtet wurden,
- es ist eine Christen verfolgende Macht,
- sie änderte die Gesetze Gottes,
- es ist eine politisch-religiöse Macht und
- gibt vor Gott zu sein und vergibt Sünden.

All dies trifft exakt nur auf den *Vatikan* zu und somit symbolisiert hier das kleine Horn das *Papsttum*!

Weiter geht es in **Daniel Kapitel 8**.

Das Gesicht vom Widder und vom Ziegenbock

Im dritten Jahr der Regierung des Königs Belsazar erschien mir, Daniel ein Gesicht, nach jenem, das im Anfang erschienen war. Und ich schaute in dem Gesicht, und es geschah, als ich schaute, da befand ich mich in der Residenz Susa, die in der Provinz Elam liegt, und ich schaute im Gesicht, und war am Fluss Ulaib. Und ich hob meine Augen auf und schaute; und siehe, da stand vor dem Fluss ein Widder, der hatte zwei Hörner, und beide Hörner waren hoch; aber das eine war höher als das andere, und das höhere war zuletzt emporgewachsen.

Ich sah, wie der Widder gegen Westen, Norden und Süden stieß; und kein Tier konnte vor ihm bestehen, und niemand konnte aus seiner Gewalt erretten, sondern er tat, was er wollte, und ward groß. Während ich nun acht gab, siehe, da kam ein Ziegenbock von Westen her über die ganze Erde, ohne den Erdboden zu berühren; der Bock aber hatte ein ansehnliches Horn zwischen seinen Augen. Und er kam zu dem Widder, der zwei Hörner hatte, den ich vor dem Fluss hatte stehen sehen, und lief mit seiner ganzen Kraft wütend gegen ihn an.

Und ich sah, wie er nahe an den Widder herankam und sich erbittert auf ihn warf und den Widder schlug und ihm seine beiden Hörner zerbrach; und da der Widder nicht stark genug war, um ihm standzuhalten, warf er ihn zu Boden und zertrat ihn; und niemand rettete den Widder aus seiner Gewalt. Der Ziegenbock aber wurde über die Maßen groß; als er aber am stärksten war, zerbrach das große Horn, und es wuchsen an dessen Stelle vier ansehnliche Hörner auf, nach den vier Himmelsrichtungen hin. Und aus einem von ihnen wuchs ein kleines Horn hervor, das tat außerordentlich groß gegen den Süden und gegen den Osten und gegen das herrliche [Land]. Und es wagte sich bis an das Heer des Himmels heran und warf von dem Heer und von den Sternen etliche auf die Erde und zertrat sie. Und er sprach: Siehe, ich verkünde dir, was in der letzten Zeit des Zornes geschehen wird; denn es bezieht sich auf die bestimmte Zeit des Endes.

Der Widder mit den beiden Hörnern, den du gesehen hast, das sind die Könige der Meder und Perser. Der zottige Ziegenbock aber ist der König von Griechenland; und das große Horn zwischen seinen beiden Augen, das ist der erste König. Dass es aber zerbrach und an seiner Stelle vier andere aufgekommen sind, bedeutet, dass aus diesem Volk vier Königreiche entstehen werden, doch nicht mit der Macht, die jener hatte.

Bis hier bedürfen diese Verse aus **Daniel 8** wohl keinerlei Anmerkungen oder Erklärungen von mir, da alles im Detail erläutert wird.

Aber am Ende ihrer Regierung, wenn die Frevler das Maß voll gemacht haben, wird ein frecher und listiger König auftreten. Und er wird stark werden, aber nicht in eigener Kraft; und er wird ein erstaunliches Verderben anrichten, und sein Unternehmen wird ihm gelingen; und er wird Starke verderben und das Volk der Heiligen. Und wegen seiner Klugheit und weil ihm der Betrug in seiner Hand gelingt, wird er sich in seinem Her-

zen erheben und viele in ihrer Sorglosigkeit verderben; und er wird gegen den Fürsten der Fürsten auftreten, aber ohne Zutun von Menschenhand zerschmettert werden.

Über diesen König werden wir noch in **Daniel 11** mehr erfahren. Da im Buch *Daniel* schon im **Kapitel 2**, klar gesagt wurde, dass es um vier Weltreiche geht, die auf Erden sein werden und diese bereits vergangen sind, bleiben nur noch die Füße und Zehen aus Eisen und Ton, aus dem Standbild übrig. Aus dem letzten Reich, dem römischen, sind die zehn germanischen Stämme hervorgegangen. Deshalb ist jetzt schon klar, dass der hier besagte endzeitliche König aus Europa kommen muss. Und hier die eindeutige Zeitangabe der Bibel selbst, wann dies eintreten soll, nämlich in der Endzeit:

Was aber über das Gesicht von den Abenden und Morgen gesagt worden ist, das ist wahr; und du sollst das Gesicht verwahren, denn es bezieht sich auf fern liegende Tage!

Die Könige des Nordens, Südens und Ostens

Der vermessene König zur Zeit des Endes

Und der König wird tun, was ihm beliebt, und wird sich erheben und grosstun gegen jeglichen Gott, und er wird gegen den Gott der Götter unerhörte Worte ausstoßen, und es wird ihm gelingen, bis der Zorn vorüber ist; denn was beschlossen ist, wird ausgeführt werden. Er wird sich auch nicht um die Götter seiner Väter kümmern, noch um den Lieblingsgott der Frauen, überhaupt um gar keinen Gott, sondern gegen alle wird er groß tun.

Stattdessen wird er den Gott der Festungen verehren; diesen Gott, den seine Väter nicht kannten, wird er verehren mit Gold und Silber, mit Edelsteinen und Kleinodien. Und er wird gegen die starken Festungen vorgehen mit einem fremden Gott. Wer diesen anerkennt, dem wird er große Ehre erweisen, und er wird ihnen Gewalt geben über viele und zur Belohnung Ländereien unter sie verteilen.

Hier erhalten wir nun eine detaillierte Beschreibung des Königs des Nordens:

- er wird tun was er beliebt,
- sich gegen den höchsten Gott erheben,
- er schert sich nicht um die Götter anderer,
- sein Gott wird ein Kriegsgott sein,

- er wird gegen andere Krieg führen und
- die welche ihm ergeben sind an seiner Macht teilhaben lassen.

Es handelt sich beim ‚König des Nordens' um den letzten Herrscher des ‚Heiligen Römischen Reiches'. Das hängt mit der Prophezeiung aus **Daniel 2** zusammen, wo gesagt wird, dass die zehn Zehen die Könige repräsentieren, die vor der Wiederkehr Jesu herrschen und von ihm vernichtet werden.

Es gibt auch Auslegungen in denen *Russland* unter *Putin* als ‚König des Nordens' vermutet wird. Aber das kann nicht sein, wie ich später bei den ‚Königen des Ostens' noch erklären werde. Da hier jedoch nicht von Nationen die Rede ist, sondern von Personen, bleibt die Frage, wer in persona der ‚König des Nordens' ist.

Leute die sich mit der Sache schon lange beschäftigen, vermuten, dass es sich um den charismatischen Baron *Karl Theodor zu Guttenberg* handeln könne. Dieser ist zwar in *Deutschland,* aufgrund seiner Plagiatsaffäre vorerst noch kalt gestellt, aber das macht nichts. Denn wie man in **Daniel 11:21** lesen kann, wird er nicht durch Wahlen an die Macht gelangen: *An seiner Stelle wird ein Verachteter aufkommen, dem die königliche Würde nicht zugedacht war; aber er wird unversehens kommen und sich durch* ***Schmeicheleien*** *des Königtums bemächtigen.*

Es geht ja auch nicht um die Macht in *Deutschland,* sondern um die Macht über die ‚Vereinigten Staaten von Europa'.

Und da wird nicht gewählt, sondern im Hinterzimmer entschieden und dann lediglich verkündet. Und wenn man sich den Baron *zu Guttenberg* etwas genauer ansieht, dann würde das schon gut passen. Durch den Familienstamm ist er mit dem Hause *Habsburg* verbunden und dürfte wahrscheinlich den Traum des jüngst verstorbenen *Otto von Habsburg*, dem letzten Thronfolger, von einem vereinten, *katholischen* Europa teilen. *Otto von Habsburg* hat übrigens bis zu seinem Tode in der EU mitgearbeitet um die politische Vereinigung Europas zu erreichen.

Der offizielle Titel wurde seinen Ahnen im 18. Jahrhundert verliehen und lautet eigentlich: *Reichsfreiherr*. Vor seiner ‚Flucht' in die *USA*, lebte er auf der ‚Burg Guttenberg' in Franken, die seit 1482 im Familienbesitz ist. Zudem ist er mit einer adeligen Dame, nämlich *Stephanie Gräfin von Bismarck-Schönhausen* verheiratet, die in direkter Linie von *Otto von Bismarck* abstammt.

Er versteht sich in Szene zu setzen wie z. B. in Sachen Afghanistaneinsatz der *Bundeswehr*, wo er als erster offiziell von Krieg gesprochen hat. Und er beabsichtigt wohl auch im Spiel zu bleiben und meldet sich deshalb in Sachen internationaler Politik hin und wieder zu Wort. Zuerst im April 2013, als er sich in zum Irankonflikt zu Wort meldete und *Deutschland* aufforderte, Pläne zu entwickeln um *Israel* helfen zu können: *„Deutschland solle seine Rolle nicht unterschätzen, in einer Region, in der Amerikas Glaubwürdigkeit belastet ist, um* *es milde zu formulieren."* Sowie erst kürzlich mit seinem Statement zu Putin: *„Gäbe es den ehrwürdigen Titel „Tyrann des Jahres", hätte der russische Präsident 2013 sicherlich triumphiert."* Hinzufügend, *[...] „dass man mit Putin in seiner Sprache sprechen müsse, die der Macht."*

Wie wird das alles nun zeitlich ablaufen? Nachdem die ‚Vereinigten Staaten von Europa' etabliert und der ‚König des Nordens' in Amt und würden ist, wird dieser zum letzten Mal eine Zeit des Friedens und Wohlstandes herbeiführen. Das ist die Erfüllung seiner Versprechungen, an eine verzweifelte Bevölkerung, durch welche seine Macht begründet ist. Auch wird es zu einer Vereinigung von Kirche und Staat kommen.

Die Lage im *Nahen Osten* wird sich zuspitzen und *Europa* insbesondere *Deutschland* wird, wie schon in voran gegangen Kapiteln erläutert, von Israel um Hilfe gebeten werden.

Es werden *europäische* Truppen nach *Israel* eingeladen werden. Das geht aus folgendem Bibelvers hervor: **Lukas 21:20:** *Wenn ihr aber sehen werdet, dass Jerusalem von einem Heer belagert wird, dann erkennt, dass seine Verwüstung nahe herbeigekommen ist.*

Zuvor wird es aber noch einige Jahre Frieden geben, denn genau dadurch wird er, der ‚König des Nordens' sich einen großen Namen machen und viele verführen. Dies steht in **Daniel 9:25-27**: *Und durch seine Klugheit wird ihm der Betrug geraten, und er wird sich in seinem Herzen erheben, und mitten im Frieden wird er viele verderben und wird sich auf-*

lehnen wider den Fürsten aller Fürsten; aber er wird ohne Hand zerbrochen werden.

Er wird sich also zunächst wohl mit einem Friedensabkommen im *Nahen Osten* einen guten Namen machen. Viele werden ihm dadurch vertrauen, auf ihn hoffen und völlig falsch einschätzen. Denn es geht noch weiter in **Daniel 9:27**: *Und er wird mit den Vielen einen festen Bund schließen eine Woche lang; und in der Mitte der Woche wird er Schlacht- und Speisopfer aufhören lassen [...]*

Wer die Regeln für die Zeitdeutung im Kontext der biblischen Prophetie kennt, weiß das eine Woche hier, sieben Jahre bedeutet. Er wird diesen Bund also nach dreieinhalb Jahren brechen, warum lesen wir in **Daniel 11:40**: *„Zur Zeit des Endes aber wird der König des Südens mit ihm zusammenstoßen. Da wird dann der König des Nordens mit Wagen, Reitern und vielen Schiffen auf ihn losstürmen, in die Länder eindringen und sie überschwemmen und überfluten".*

Genauso läuft das bei einem Tornado bzw. Hurrikan. Und der ‚König des Nordens' wird fette Beute machen **11:41-43:** *Er wird auch in das herrliche Land kommen, und viele werden unterliegen. Diese aber werden seiner Hand entfliehen: Edom, Moab und die Vornehmsten der Ammoniter. Er wird auch seine Hand nach den Ländern ausstrecken, und das Land Ägypten wird nicht entfliehen; sondern er wird sich der Gold- und Silberschätze und aller Kostbarkeiten Ägyptens bemächtigen; auch werden Lubier und Kuschiten zu seinem Gefolge gehören.*

Was für Konflikte gibt es in der Gegenwart zwischen der nördlichen und südlichen Hemisphäre? Natürlich den zwischen dem christlichen Westen und den radikalislamischen Staaten im nahen und mittleren Osten. Durch den zunächst als ‚arabischen Frühling' bezeichneten Wandel in *Nordafrika*, der sich jedoch inzwischen eher als ‚arabischer Winter' entpuppt hat, wurde die geopolitische Situation deutlich verändert.

Und wenn Sie sich mal ansehen, mit wem die dadurch an die Macht gekommenen, radikalen Muslime, bilaterale Bande geknüpft haben, nämlich mit dem *Iran*, dann kennen sie auch den ‚König des Südens'. Genauso wie der ‚König des Nordens', *Deutschland* sein Imperium mit anderen Staaten schmiedet, so macht das der *Iran* in gewisser Weise auch. Auch wenn er keine Föderation herbeiführen wird, wie in *Europa*. Zudem ist der Islam eine kriegerische Religion und erhebt den Anspruch auf weltweite Ausbreitung und Herrschaft.

Durch das dilettantische Operieren der *USA* im *Irak*, hat er diesen, aufgrund der überwiegend schiitischen Bevölkerung, bereits unter Kontrolle gebracht. Nach dem Sturz von *Mubarak* und der Machtübernahme durch die Muslimbrüderschaft hat Präsident *Mursi* sich ebenso mit dem *Iran* verbündet, wie das Regime in *Libyen* nach dem Sturz *Gaddafis*. Und auch in *Äthiopien* und dem laut Bibel dazu gehörenden *Eritrea*, sind islamische Regime an der Macht, mit Kontakten nach *Teheran*.

Alle Länder in *Nord*- und *Ostafrika*, welche unter einem islamischen Regime stehen oder wo dies angestrebt wird, liegen am Golf von Aden, dem roten Meer und dem Mittelmeer. Dies sind wichtige, internationale Seefahrtswege, und sollte der *Iran* die Kontrolle darüber bekommen, könnte er zusammen mit den beträchtlichen Ölvorkommen im eigenen Land, und dem *Irak*, den Westen enorm unter Druck setzen, indem er diese Durchfahrtswege blockiert.

Es war Ende Februar oder Anfang März 2011, als der *Iran*, zum ersten mal seit der iranischen Revolution 1979, sich gewagt hat zwei *Kriegsschiffe* durch das rote Meer ins *Mittelmeer* zu entsenden. Das war mindestens eine Demonstration wenn nicht sogar eine Provokation.

Und wer hat hier als einziger etwas unternommen? Genau, es war wieder einmal ‚Good, old Germany'. Unter dem Deckmantel deutsche Staatsbürger aus *Libyen* zu evakuieren, sendete *Deutschland*, kurz darauf *drei* Kriegsschiffe ins Mittelmeer. Wenn sie bedenken worum es vorgeblich ging, nämlich um 160 Personen, das hätte man mit einer Maschine der Luftwaffe schneller und günstiger erledigen können, als mit drei Kriegsschiffen mit insgesamt 600 Mann Besatzung.

Diese Tatsache erklärt dann wohl auch, warum und an welche Staaten *Deutschland* in ungeheure Menge Waffen verkauft, oder sogar Fabriken zur Waffenproduktion errichtet hat. Ebenso wie die Teilnahme an der UNIFIL-Mission vor der israelisch-libanesischen Küste und die Leitung der EU-Operation ‚Atalanta' im Golf von Aden. Aber *Deutschland* ist auch darüber hinaus, in *Afrika* militärisch präsent. Zwar nicht in großer Anzahl, aber doch gezielt in den Regionen, wo der radikale Islam aufflackert.

So z. B. in *Mali* zusammen mit den *Franzosen* und im *Sudan, Südsudan, Somalia* und *Somaliland,* so ein Zufall aber auch ... Und wohin im *Nahen Osten* liefert *Deutschland* die Unmengen an Kriegsgerät? Es handelt sich um folgende Länder:

- 6 U-Boote der Dolphin Klasse (aktuell die Besten in der Welt) an *Israel,*
- zwischen 600-700 Leopard 2 Panzer (einer der besten der Welt) an *Saudi-Arabien,*
- 36 Leopard 2 Panzer an *Katar* (wollen 200 mehr),
- 1200 Fuchs Panzerfahrzeuge an *Algerien,*
- 72 Eurofighter Typhoon an *Saudi-Arabien,*
- 60 Eurofighter an die *Vereinigten Arabischen Emirate*
- 2 Fregatten an *Algerien* und
- 2 offensive U-Boote an *Ägypten* (vor dem Umsturz)

Darüber hinaus an den Nato-Partner *Türkei*:

- knapp 700 Leopard 2 Panzer und 700 andere gepanzerte Transportfahrzeuge,
- 300 Raketenabwehrstellungen, 200 Bodenradareinheiten und
- 8 Fregatten, 15 U-Boote und 2 Versorgungsschiffe.

Außerdem hat *Deutschland* Fabriken zur Produktion von Kriegsgerät in *Algerien* (Fuchs-Panzer), *Saudi-Arabien* (Maschinengewehre) und in den *Vereinigten Arabischen Emiraten* (Munition) gebaut. In *Algerien* geht es wohl darum, das Regime vor einem Sturz zu bewahren oder eventuell sogar vor einem Angriff aus *Libyen*. Und *Saudi-Arabien* und die *Emirate* sind zwar ebenfalls islamisch regiert, jedoch von Sunniten und somit stehen diese in Opposition zum schiitischen *Iran*.

Die Weichen für den Zusammenprall der beiden Könige, sind also bereits gestellt. Um welche Person kann sich beim ‚König des Südens' handeln? Ein iranischer Ayatollah oder einfach der Präsident? Wie Sie vielleicht schon mal gehört haben, wartet man im Iran, ähnlich wie bei den Juden und Christen, auf die Wiederkehr eines *Messias*. In diesem Fall handelt es sich um den 12. Imam, *Mahdi* genannt. Das Warten auf dessen Rückkehr ist sogar in der Verfassung des *Iran* verankert. Deshalb schätze ich, dass es dieser sein wird, der die radikalmuslimische Welt gegen den ‚König des Nordens' in die Schlacht führen wird.

Eventuell ist das schon die Zeit in der alle Welt wie in der **Offenbarung 13:4** verkündet staunen wird: *[...] Wer ist dem Tier gleich? Wer vermag mit ihm zu kämpfen?*

Es wird erwähnt, dass folgende Völker oder Nationen dem ‚König des Nordens' entfliehen werden: *Edom, Moab* und die Vornehmsten der *Ammoniter*. Edom ist die heutige *Türkei* und somit scheidet auch diese als Kandidat für den ‚König des Nordens' aus. Warum das so ist, haben Sie bereits Sie im Kapitel über die *Türkei* erfahren und es wird im nächsten Kapitel noch deutlicher werden.

Der ‚König des Nordens' wird also mit dem des Südens zusammenstoßen und ihn bezwingen. Und obwohl er ins *gelobte Land* kommt und *arabische* Nationen besiegt, werden ihm einige entrinnen und andere nicht. Warum das so ist, erfahren Sie ebenfalls im nächsten Kapitel.

Danach wird er blitzschnell und völlig unerwartet gegen das gesamte ‚Haus Israel' losschlagen. Denn von da an spielen die englischsprachigen Nationen, nach der Bibel, keine Rolle mehr in der Welt. *Aber Gerüchte aus dem Osten und Norden werden ihn erschrecken; daher wird er in großer Wut aufbrechen, um viele zu verderben und zu vertilgen. [...]*

Eventuell macht er sich Sorgen, dass eine Allianz fernostasiatischer Staaten, ihm zuvor kommen könnte, bei der Vernichtung des ‚Hauses Israel'. Denn auch in Japan und China, wie auch in Russland, ist man die USA leid. Sollten z. B. eine solche Koalition ihm zuvor kommen, dann wäre sein Imperium, auf beiden Seiten von einem danach noch mächtigeren, asiatischen Block, quasi umzingelt. Und wie im Buch durch Artikel belegt, wird in Fernost massiv aufgerüstet und Bündnisse geschmiedet.

Nach diesem fulminanten Feldzug, wird dieser Herrscher, die in **Offenbarung 13** beschriebene Weltdiktatur errichten. In dieser Ordnung, wird alles vereinheitlicht werden, so auch die Religion.

Kommen wir nun noch zu den ‚Königen des Ostens'. Da es

sich um Gerüchte aus dem Osten *und* Norden handelt, muss es sich um eine Koalition fernostasiatischer Staaten zusammen mit *Russland* handeln, denn ansonsten ist dort keine Macht im Norden. Deshalb und auch weil *Russland* abgesehen von dem Militärbündnis mit der *Ukraine* und *Weißrussland* auch bereits mit *China* in diesem Sektor kooperiert und u. a. gemeinsame Manöver im Pazifik durchführt. Auszüge aus der ‚Trumpet' vom 18. April 2012: **China und Russland führen gemeinsame Marinemanöver durch**

China und *Russland* haben angekündigt, dass sie gemeinsame militärische Übungen im Gelben Meer durchführen wollen, beginnend am 22. April. Die Übungen hätten den Schwerpunkt Seeverteidigung und beinhalten 16 Schiffe, einschließlich Zerstörern, Fregatten und U-Booten.

Chen Bingde, Chef des Stabes der Volksbefreiungsarmee, sagte die Übungen werden die weitere strategische Koordination und das gegenseitige Vertrauen zwischen seinem und dem russischen Militär befördern. [...]

Vielleicht ist auch deshalb *Russland* 2008 in *Georgien* einmarschiert, um den Weg durch den *Kaukasus* in den Nahen Osten freizumachen.

Die ‚Könige des Ostens' werden *nicht* namentlich genannt, nur die Erwähnung der Truppenstärke in **Offenbarung 9:16** *„Und die Zahl des Reiterheeres war zweimal zehntausend mal zehntausend; und ich hörte ihre Zahl."* gibt einen Hinweis auf diese Könige. Da es nur zwei Nationen gibt, die in der Lage sind ein 200.000.000 Heer auf zustellen, *Indien* und *China* (je ca. 1,5 Mrd. Einw.) können wir mit Sicherheit davon ausgehen, dass eine von beiden daran beteiligt sein wird, vielleicht sogar beide.

Und wenn man sich mal darüber informiert, was im fernen Osten gerade so angesagt ist, dann geht es um Konflikte wie mit den mit *Nord-Korea*, um den Aufstieg *Chinas* als neue Macht und ein wieder erstarken des Nationalismus in *Japan*.

Zudem wird in allen drei Nationen enorm aufgerüstet, obwohl alle schon über beachtliche, militärische Fähigkeiten verfügen. Das liegt zu einem an der atomaren Bedrohung aus *Nordkorea*, an dem Inselstreit zwischen *Japan* und *China* und dem bereits seit Jahrzehnten existierenden Konflikt zwischen Indien und *Pakistan* um die Kaschmir-Region.

Auch hierzu eine Zusammenfassung eines Zeitungsartikels. Zunächst einer zu *Japan*, der ist zwar etwas älter, aber nach wie vor aktuell ist. Er ist aus der ‚Trumpet' vom 4. September 2006: **Neue Ära für Japan?**

Dort heißt es, dass ein aufsteigender Stern auf *Japans* politischer Bühne, wohl zur größten Wiederbelebung des japanischen Nationalismus seit dem 2. Weltkrieg führen könnte. Der ehemalige Premierminister Japans *Kishi*, sei ein Angeklagter, aber nicht verurteilter Kriegsverbrecher erster Güte, ist der Großvater von *Shinzo Abe*. Und der Enkel scheine die aggressive Politik seines Großvaters wieder beleben zu wollen. Das ließe nichts Gutes ahnen, für die Beziehungen zu den

USA und seinem Hauptverbündeten im Pazifik, *Australien.*

Realisten seien gezwungen sich die Frage zu stellen: „Was passierte beim letzten Mal, als japanische Führer den Geist des Nationalismus belebt haben?“ Ändern denn Leoparden wirklich ihre Flecken? Der Pazifikkrieg der 1940'er Jahre, ausgelöst von *Japan*, endete mit dem Untergang seines Imperiums Großasien. Obwohl *Japans* griff nach den Ressourcen dieser Region mittels Krieg scheiterte, wurde der Zugriff auf diese, seitdem, durch Handel und Diplomatie gewonnen. (Anmerkung von mir: Ebenso wie im Falle Deutschlands in Europa.)

Aktuell bestehe *Japans* Verteidigung größtenteils aus der Präsenz der US-Flotte im Pazifik. Aber wie auch immer, beide Japan und die *USA* hätten erkannt, dass mit dem rapiden aufsteigen *Chinas* und *Indiens* zu den Titanen Asiens, mit *Nordkoreas* atomaren Säbelrasseln und *Russlands* erstarken als Energiegigant, in *Japans* Norden, etwas an den in Nachkriegsvereinbarungen bezüglich der Sicherheitsvorkehrungen, geändert werden müsse. Die *USA* hätten *Japan* bereits dazu ermutigt, ein Raketenabwehrschild zu seinem Schutz zu stationieren.

Japan habe seine eigenen Kapazitäten um innerhalb von Monaten, seine eigenen Atomwaffen zu entwickeln. Es besitze bereits beachtliche Streitkräfte. Die Zeit werde schnell näher rücken, wenn *Japan*, ebenso wie *Deutschland*, seine Nachkriegsbußeinstellung beiseite stelle und sich wieder als regionale Militärmacht behaupte, unbeeindruckt von der US-Dominanz. Die Zeichen seien bereits zu sehen.

Bereits im Besitz der zweitgrößten Marine, nach den *USA* und ebenso der zweitgrößten Handelsflotte und einer technologisch fortgeschrittenen Gesellschaft, stehe *Japan* kurz vor seinem Eintritt in ein großes Wiedererwachen eines selbstbewussten Nationalismus. Der Gigant ist im Aufstieg, schon wieder.

Wie sieht es mit *China* aus? *Chinas* Wirtschaft wächst Jahr für Jahr, teilweise zweistellig, während z. B. die *amerikanische* Wirtschaft am schrumpfen ist. Und von dem Geld das *China* mit seiner Wirtschaft verdient, steckt es große Summen in seine riesige Armee. Bereits im Jahr 2008 überstieg das chinesische Militärbudget, das von *Großbritannien*, welches bis dahin das zweitgrößte der Welt hatte. Seine Volksbefreiungsarmee ist mit 2 Mio. aktiven Soldaten, das größte stehende Heer der Welt.

Es hat aber über 370 Mio. einsatzfähige Soldaten zur Verfügung. Es baut derzeit mehrere Flugzeugträger und besitzt mehr U-Boote als irgendeine andere asiatische Nation. Um die Fähigkeiten seiner Marine zu demonstrieren, schlich sich 2007, ein U-Boot unbemerkt in die Mitte eines US-Flottenverbandes und tauchte dann in dessen Mitte auf. Eine große Peinlichkeit für die US Marine.

Wie bereits gesagt, kooperieren *Chinas* und *Russlands Militär*isch und diese beiden Länder festigen auch ihre Bindungen mit Indien, nicht nur, aber auch militärisch. So hat beispielsweise *Russland, Indien* im Jahr 2012, für fast 4 Mrd. Dollar militärisches Gerät verkauft. Es handelte sich um über 40 Kampfjets und über 70 Helikopter. *China* und *Indien* führen gemeinsame Kriegsspiele durch und trainieren ihre Armeen gemeinsam für den Anti-Terrorkampf.

Die ‚Könige des Ostens' stellen also eine gewaltige Macht von Nationen dar, die jede für sich genommen schon ein Gigant ist.

Die Verschwörung im Nahen Osten

Psalm 83: *Bleibe nicht ruhig, o Gott, so schweige nicht. und sei nicht still, o Gott! Denn siehe, deine Feinde toben, und die dich hassen, erheben das Haupt.*

Sie machen listige Anschläge gegen dein Volk, verabreden sich gegen deine Schutzbefohlenen. Sie sprechen: »Kommt, wir wollen sie vertilgen, dass sie kein Volk mehr seien, dass an den Namen Israel nicht mehr gedacht werde! Ja, sie haben einen einmütigen Beschluss gefasst, sie haben einen Bund gegen dich geschlossen: die Zelte Edoms und die Ismaeliter, Moab und die Hagariter, Gebal und Ammon und Amalek, das Philisterland samt den Bewohnern von Tyrus. Auch Assur hat sich ihnen angeschlossen und ist den Söhnen Lots ein Beistand geworden.

Dieser Psalm wirft zwei prinzipielle Fragen auf: *Erstens*: Ist diese Prophezeiung bereits erfüllt und läge damit in der Vergangenheit oder ist sie für die Endzeit bestimmt? Und *zweitens*: Um welche Nationen handelt es sich heute? Zur ersten Frage: Diese Prophezeiung ist noch *nicht* erfüllt, denn es ist *historisch* keine Begebenheit bekannt, in der es diese *spezifische* Koalition gegeben hat.

Und es handelt sich heute um folgende Nationen: *Edom* ist die *Türkei*, *Gebal* & *Tyrus* ist der *Libanon*, *Ismaeliter* bezieht sich auf *Saudi-Arabien*, *Hagariter* auf *Syrien*, *Moab* und *Am-*

mon auf *Jordanien* und *Amalek* und das *Philisterland* ist heute *Palästina*. *Assur* ist nicht ganz so einfach, denn es bezieht *sowohl* auf den heutigen *Irak* wie auch auf *Deutschland* und *Österreich*.

Dazu muss man wissen, dass fast das *gesamte* assyrische Volk, nach der Vernichtung ihres Reiches, ihr angestammtes Gebiet verlassen hat und in Richtung *Kaukasus*, und von dort aus weiter bis nach *Mitteleuropa* gewandert ist (siehe Kapitel über ‚Assyrien'). Dort ließen sie sich nieder und sind heute die Nationen *Deutschland* und *Österreich*. Der *Irak* wird, was unsere Neuzeit betrifft, in der Bibel mit *Babel* oder *Schinar* bezeichnet.

Es würde den Rahmen des Buches sprengen, wenn ich hier alle Belege dafür aufführe, warum es sich um die genanten Nationen handelt. Wer sich dafür interessiert, sei auf mein Buch ‚Die Verschwörung gegen das Haus Israel' verwiesen.

Wie Ihnen vielleicht aufgefallen ist, fehlen hier die Länder, die ich im Kapitel über die Könige, als Verbündete des *Irans* aufgeführt habe. Es gibt also aufgrund der sunnitischen und schiitischen Richtung des Islams, auch ein gespaltenes Lager in der muslimischen Welt. Die Länder des *Nahen Ostens*, wird es fast alle schwer treffen, alleine schon wegen des Islams, der ganz dezidiert sowohl Anti-christlich wie auch Anti-jüdisch ist. Hier einige Beispiele für Schicksale von Nationen in dieser Region aus den Büchern der Propheten **Jesaja**, **Amos** und **Jeremia**.

Prophezeiung für den Iran

Das Wort des HERRN über Elam, das an den Propheten Jeremia erging, im Anfang der Regierung Zedekias, des Königs von Juda, lautet folgendermaßen: So spricht der HERR der Heerscharen: Siehe, ich will den Bogen Elams zerbrechen, seine vornehmste Stärke, und ich will über Elam die vier Winde kommen lassen von den vier Himmelsgegenden und sie nach allen diesen Windrichtungen zerstreuen, so dass es kein Volk geben wird, wohin nicht elamitische Flüchtlinge kommen.

Und ich will den Elamitern Schrecken einjagen vor ihren Feinden und vor denen, die ihnen nach dem Leben trachten, und werde Unheil über sie bringen, die Glut meines Zornes, spricht der HERR, und ich werde das Schwert hinter ihnen her schicken, bis ich sie aufgerieben habe. Und ich werde meinen Thron in Elam aufstellen und werde König und Fürsten daraus vertilgen, spricht der HERR. Aber es soll geschehen in den letzten Tagen, da ich das Geschick Elams wende, spricht der Herr.

Die Last über Ägypten:

Siehe, der HERR fährt auf einer schnellen Wolke einher und kommt nach Ägypten! Da werden die Götzen Ägyptens vor ihm beben, und das Herz wird den Ägyptern im Leibe vergehen. Und ich will die Ägypter gegeneinander aufstacheln, dass sie kämpfen werden, ein Bruder gegen den anderen, ein Freund gegen den anderen, Stadt gegen Stadt, Königreich gegen Königreich.

Und der Geist der Ägypter wird irre werden in ihrem Inneren, und ich will ihren Plan zunichte machen; dann werden sie die Götzen, die Zauberer, die Totenbeschwörer und die Wahrsager befragen. Und ich will die Ägypter in die Hände eines strengen Herrn ausliefern, und ein harter König soll über sie herrschen, spricht der Herrscher, der HERR der Heerscharen. Und die Wasser werden sich aus dem Nil verlaufen, und der Strom wird versiegen und vertrocknen. Und stinkend werden die Ströme, seicht und trocken die Kanäle Mazors; Rohr und Schilf werden hinwelken. Die Auen am Nil, an der Mündung des Nils, und alle Saatfelder am Nil werden verdorren, verwehen und nicht mehr sein.

Die Fischer werden klagen, und trauern werden alle, die die Angel in den Nil werfen; und die das Netz auf dem Wasserspiegel ausbreiten, werden trostlos sein. [...] so wird der König von Assyrien wegtreiben die Gefangenen Ägyptens und die Verbannten von Kusch [Äthiopien], jung und alt, nackt und barfuss, in schmählicher Blöße, zur Schande Ägyptens.

Und sie werden erschrecken in Juda und zu Schanden werden wegen der Kuschiter, auf die sie sich verließen, und wegen der Ägypter, deren sie sich rühmten. Und die Bewohner dieser Küste werden sagen zu der Zeit: Ist das unsere Zuversicht, zu der wir um Hilfe geflohen sind, dass wir errettet würden vor dem König von Assyrien? Wie können wir selbst entrinnen?

Das Wort des HERRN über Damaskus

Über Damaskus: Hamat und Arpad sind zu Schanden geworden denn sie haben eine böse Nachricht vernommen; sie sind fassungslos! Sie sind in ängstlicher Erregung wie das Meer, das nicht zur Ruhe kommen kann. Damaskus ist mutlos geworden; es hat sich zur Flucht gewandt, Zittern hat es befallen, Angst und Wehen haben es ergriffen wie eine, die gebären soll. [...] Darum wird ihre junge Mannschaft in ihren Straßen fallen, und alle Kriegsleute sollen an jenem Tag umkommen, spricht der HERR der Heerscharen; und ich will ein Feuer anzünden in den Mauern von Damaskus, das soll die Paläste Benhadads verzehren!

Die Last über Damaskus

Siehe, Damaskus hört auf, eine Stadt zu sein, und wird zu einer verfallenen Ruine. Verlassen sind die Städte von Aroer, den Herden werden sie zuteil; die lagern sich dort, und niemand scheucht sie auf. Aus ist's mit der Festung in Ephraim und mit dem Königtum in Damaskus; und der Überrest von Aram wird der Herrlichkeit der Kinder Israels gleich sein! spricht der HERR der Heerscharen.

Die Last über Arabien

In der Wildnis von Arabien müsst ihr übernachten, ihr Karawanen der Dedaniter! Bringt dem Durstigen Wasser entgegen, ihr Bewohner des Landes Tema! Geht dem Flüchtling entgegen mit Brot für ihn! Denn vor den Schwertern sind sie geflohen, vor dem gezückten Schwert, vor dem gespannten Bogen und vor der Gewalt des Krieges. Denn so hat der Herr zu mir gesprochen: Noch ein Jahr, wie die Jahre eines Tagelöhners, so ist alle Herrlichkeit Kedars dahin; und von den tapferen Bogenschützen Kedars wird nur eine geringe Zahl übrig bleiben! Ja, der HERR, der Gott Israels, hat geredet.

Buch des Propheten **Amos** – *Das unabwendbare Gericht Gottes über Israels Nachbarvölker*

Prophezeiung für Palästina:

So spricht der HERR: Wegen drei und wegen vier Übertretungen von Gaza werde ich es nicht abwenden: Weil sie eine ganze Bevölkerung in die Gefangenschaft abgeführt und an Edom ausgeliefert haben; darum will ich ein Feuer in die Mauern von Gaza senden, das seine Paläste verzehren soll; und ich will den, der auf dem Thron sitzt, aus Asdod ausrotten und den, der in Askalon das Zepter hält, und will meine Hand gegen Ekron wenden; und der Überrest der Philister soll zugrunde gehen! spricht GOTT, der Herr.

Prophezeiung für den Libanon:

So spricht der HERR: Wegen drei und wegen vier Übertretungen von Tyrus werde ich es nicht abwenden: Weil sie eine ganze Bevölkerung an Edom ausgeliefert und an den Bruderbund nicht gedacht haben. Darum will ich ein Feuer in die Mauern von Tyrus senden, das ihre Paläste verzehre.

Prophezeiung für Jordanien:

So spricht der HERR: Wegen drei und wegen vier Übertretungen von Moab werde ich es nicht abwenden: Weil sie die Gebeine des Königs von Edom zu Kalk verbrannt haben; darum will ich ein Feuer nach Moab senden, das die Paläste von Kerijot verzehren soll; und Moab soll sterben im Getümmel, im Kriegslärm und beim Schall des Schopharhorns; und ich werde den Richter aus seiner Mitte ausrotten und alle seine Fürsten mit ihm umbringen! spricht der HERR.

Die vier Reiter der Apokalypse

Lassen Sie es mich gleich am Anfang nochmals sagen: Wie auch schon bei den *Metaphern* der anderen Visionen, sind auch diese vier Reiter *symbolisch* zu verstehen, nicht buchstäblich.

Warten Sie also nicht auf diese vier Reiter auf ihren Pferden, die werden so nicht kommen. Die apokalyptischen Reiter *entsprechen* den ersten vier Siegeln des *Buches mit sieben Siegeln.* Wenn der erste Reiter kommt, dann ist das Ende des Zeitalters sehr nahe, wahrscheinlich sieben Jahre verbleiben dann noch bis zur Wiederkunft Jesu.

Countdown für die Endzeit

Johannes sah in einer Vision, dass Gott in seiner Hand eine Schriftrolle hielt, die 7 Siegel hatte, die über die Endzeit berichtete. **Offenbarung 6:1-17:** *Und ich sah, wie das Lamm eines von den Siegeln öffnete, und ich hörte eines von den vier lebendigen Wesen wie mit Donnerstimme sagen: Komm und sieh! Und ich sah, und siehe, ein weißes Pferd, und der darauf saß, hatte einen Bogen; und es wurde ihm eine Krone gegeben, und er zog aus als ein Sieger und um zu siegen.*

Dieser Reiter zeigt das Erscheinen des falschen Messias an, welcher fast die gesamte Menschheit verführen wird.

Und als es das zweite Siegel öffnete, hörte ich das zweite le-

bendige Wesen sagen: Komm und sieh! Und es zog ein anderes Pferd aus, das war feuerrot, und dem, der darauf saß, ihm wurde gegeben, den Frieden von der Erde zu nehmen, damit sie einander abschlachten sollten; und es wurde ihm ein großes Schwert gegeben.

Zu diesem Reiter gibt es nicht viel zu erklären: Er kündigt schlicht und einfach den 3. Weltkrieg an. Es werden allerdings ungefähr drei Jahre vergehen, bis der zweite Reiter kommt.

Und als es das dritte Siegel öffnete, hörte ich das dritte lebendige Wesen sagen: Komm und sieh! Und ich sah, und siehe, ein schwarzes Pferd, und der darauf saß, hatte eine Waage in seiner Hand. Und ich hörte eine Stimme inmitten der vier lebendigen Wesen, die sprach: Ein Maß Weizen für einen Dinar, und drei Maß Gerste für einen Dinar; doch Öl und Wein rühre nicht an!

Dieser Reiter deutet auf, Inflation und Hungersnöte hin. Und zum letzten Reiter sagt die Bibel alles nötige selbst aus.

Und als es das vierte Siegel öffnete, hörte ich die Stimme des vierten lebendigen Wesens sagen: Komm und sieh! Und ich sah, und siehe, ein fahles Pferd, und der darauf saß, dessen Name ist »der Tod«; und das Totenreich folgt ihm nach. Und ihnen wurde Vollmacht gegeben über den vierten Teil der Erde, zu töten mit dem Schwert und mit Hunger und mit Pest und durch die wilden Tiere der Erde.

Die Symbolik der Reiter impliziert die Dynamik der Ereignisse. Oft führt religiöse Täuschung zu Krieg, Kriege dann oft zu Hungersnöten und Seuchen. Im 14. Jahrhundert starb in *Europa* mehr als ein Drittel der Bevölkerung an der Pest. In diesem Fall wird ein Viertel der Weltbevölkerung durch diese Ereignisse umkommen.

Es gibt noch 3 weitere Siegel und auch noch den „Tag des Herrn", wenn er seinen Zorn über die Welt ausschüttet, aber das zu behandeln, würde den Rahmen des Buches sprengen. Wer sich hierfür näher interessiert, sei auf mein Buch: ‚Vatikan – Wahrsagende Schlange' verwiesen.

Das jüngste Gericht

Als nächstes beschäftigen wir uns mit dem Buch der Offenbarung und den beiden Tieren darin.

Das Tier aus dem Meer

„Und ich sah aus dem Meer ein Tier aufsteigen, das sieben Köpfe und zehn Hörner hatte und auf seinen Hörnern zehn Kronen, und auf seinen Köpfen einen Namen der Lästerung. Und das Tier, das ich sah, glich einem Panther, und seine Füße waren wie die eines Bären und sein Rachen wie ein Löwenrachen; und der Drache gab ihm seine Kraft und seinen Thron und große Vollmacht.

Und ich sah einen seiner Köpfe wie zu Tode verwundet, und seine Todeswunde wurde geheilt. Und die ganze Erde sah verwundert dem Tier nach. Und sie beteten den Drachen an, der dem Tier Vollmacht gegeben hatte, und sie beteten das Tier an und sprachen: „Wer ist dem Tier gleich? Wer vermag mit ihm zu kämpfen?“

Und es wurde ihm ein Maul gegeben, das große Worte und Lästerungen redete; und es wurde ihm Macht gegeben, 42 Monate lang zu wirken. Und es tat sein Maul auf zur Lästerung gegen Gott, um seinen Namen zu lästern und sein Zelt und die, welche im Himmel wohnen. Und es wurde ihm gegeben, Krieg zu führen mit den Heiligen und sie zu überwinden; es wurde ihm Vollmacht gegeben über jeden Volksstamm und jede Sprache und jede Nation.

Und alle, die auf der Erde sind, werden es anbeten, deren Namen nicht geschrieben stehen im Buch des Lebens des Lammes, das geschlachtet worden ist von Grundlegung der Welt an. Wenn jemand ein Ohr hat, der höre! Wenn jemand in Gefangenschaft führt, so geht er in die Gefangenschaft wenn jemand mit dem Schwert tötet, so soll er durchs Schwert getötet werden. Hier ist das standhafte Ausharren und der Glaube der Heiligen!

Das hier beschrieben Tier entspricht dem vierten Tier aus **Daniel 7** und stellt die kontinuierliche Entwicklung der Weltreiche gegen Gott dar. Jedes Reich hat die charakteristischen Merkmale des Vorgängers, wie auch die Gebiete in sich vereinnahmt. Und da es in den Visionen *Daniels* nur vier Reiche gibt, wissen wir auch, dass es sich um die letzte Auferstehung des *Römischen Reiches* handelt. Ebenfalls lässt die Erwähnung der tödlichen Wunde darauf schließen.

Das Tier aus der Erde

Und ich sah ein anderes Tier aus der Erde aufsteigen, und es hatte zwei Hörner wie ein Lamm und redete wie ein Drache. Und es übt alle Vollmacht des ersten Tieres aus vor dessen Augen und bringt die Erde und die auf ihr wohnen dazu, dass sie das erste Tier anbeten, dessen Todeswunde geheilt wurde. Und es tut große Zeichen, so dass es sogar Feuer vom Himmel auf die Erde herabfallen lässt vor den Menschen.

Und es verführt die, die auf der Erde wohnen, durch die Zeichen, die vor dem Tier zu tun ihm gegeben sind, und es sagt denen, die auf der Erde wohnen, dass sie dem Tier, das die Wunde von dem Schwert hat und am Leben geblieben ist, ein Bild machen sollen. Und es wurde ihm gegeben, dem Bild des Tieres einen Geist zu verleihen, so dass das Bild des Tieres sogar redete und bewirkte, dass alle getötet wurden, die das Bild des Tiers nicht anbeteten.

Und es bewirkt, dass allen, den Kleinen und den Großen, den Reichen und den Armen, den Freien und den Knechten, ein Malzeichen Gegeben wird auf ihre rechte Hand oder auf ihre Stirn, und dass niemand kaufen oder verkaufen kann als nur der, welcher das Malzeichen hat oder den Namen des Tieres oder die Zahl seines Namens. Hier die Weisheit! Wer das Verständnis hat, berechne die Zahl des Tieres, denn es ist die Zahl eines Menschen, und seine Zahl ist 666.

Dieses Tier muss aufgrund seiner Beschreibung eindeutig eine spirituelle Institution bzw. deren Oberhaupt darstellen. Da haben wir zunächst den Begriff Lamm, der mit *Jesus* assoziiert wird, und auch die Zeichen und Wunder, welche es vollbringen wird. Die beiden Hörner symbolisieren die doppelte Herrschaft des *Papstes* als spirituelles wie auch weltliches Oberhaupt des *Vatikans*.

Der Vollständigkeit halber, sei an dieser Stelle auch noch ‚Maytrea' erwähnt. Wer ist dieser *Maytrea*? Es handelt sich bei dieser Person, um jemanden, der schon seit Jahrzehnten dafür vorbereitet wird, die Rolle eines Weltenlehrers einzunehmen. Mit seiner Hilfe bzw. seinen Lehren, sollen alle Weltreligionen zu einer einzigen verschmolzen werden, denn in der ‚Neuen Weltordnung', wird alles vereinheitlicht werden. Er hat sogar einen Pressesprecher, *Benjamin Creme*, welcher behauptet, dass *Maytrea* sich bereits seit 1986 in *Rom* befände.

Da in der Bibel auch von einem ‚falschen Propheten' gesprochen wird, halte ich es auch für denkbar, dass nicht der aktuelle *Papst* die Wunder vollbringen wird, sondern dass dieser *Maytrea* lediglich als *Christus* preist und ausruft. Dadurch, dass die beiden Tiere zusammenarbeiten und das erste Tier als das ‚Heilige Römische Reich' identifiziert wurde, ist klar, dass es sich hierbei um die katholische Kirche und entweder in persona, den *Papst* oder *Maytrea* handelt.

Es sieht aus wie ein Lamm, der *Papst* ganz in weiß gekleidet und bemüht christlich zu wirken, aber es redet wie ein *Drache*, dass sind die teuflischen Doktrinen, mit welchen der *Vatikan* das Christentum verfälscht hat. Umgekehrt verhält es sich mit *Maytrea* genauso, dazu brauch man nur einmal ein Bild von ihm zu sehen. Man denkt spontan an *Jesus Christus*.

Versuchen Sie sich nicht an der Interpretation, dass dieses Tier *aus der Erde* aufsteigt. Es wird nicht von der Bibel ausgelegt und wie ich schon im Kapitel ‚Was man wissen muss' schrieb, dann ist es auch nicht zu deuten, denn die Bibel legt sich selbst aus. Anders gesagt, finden wir hier das Tier aus **Offenbarung 17** in zwei Entitäten aufgeteilt vor, wie Sie weiter unten noch sehen werden.

Drei Engel künden Gericht an

Und ich sah einen anderen Engel inmitten des Himmels fliegen, der hatte ein ewiges Evangelium zu verkündigen denen, die auf der Erde wohnen, und zwar jeder Nation und jedem Volksstamm und jeder Sprache und jedem Volk. Der sprach mit lauter Stimme: Fürchtet Gott und gebt ihm die Ehre, denn die Stunde seines Gerichts ist gekommen; und betet den an, der den Himmel und die Erde und das Meer und die Wasserquellen gemacht hat!

Und ein anderer Engel folgte ihm, der sprach: Gefallen, gefallen ist Babylon, die große Stadt, weil sie mit dem Glutwein ihrer Unzucht alle Völker getränkt hat!

Und ein dritter Engel folgte ihnen, der sprach mit lauter Stimme: Wenn jemand das Tier und sein Bild anbetet und das Malzeichen auf seine Stirn oder auf seine Hand annimmt, so wird auch er von dem Glutwein Gottes trinken, der unvermischt eingeschenkt ist in dem Kelch seines Zornes, und er wird mit Feuer und Schwefel gepeinigt werden vor den heiligen Engeln und vor dem Lamm. Und der Rauch ihrer Qual steigt auf von Ewigkeit zu Ewigkeit; und die das Tier und sein Bild anbeten, haben keine Ruhe Tag und Nacht, und wer das Malzeichen seines Namens annimmt.

Es wird immer wieder vermutet, das Malzeichen des Tieres sei dieser *RFID-Chip,* der unter die Haut gepflanzt wird und wie ein Barcode die Ziffer **666** enthält. Diesen Chip gibt es bereits. Er wird in der Neuen Welt Ordnung auch obligatorisch werden. Aber es ist nicht das Malzeichen des Tieres! Allerdings wird es u. a. dazu benutzt werden, das eigentliche Malzeichen des Tieres mit *staatlichem Zwang* durchzusetzen. Um verstehen zu können, was das Malzeichen des Tieres ist, muss man wissen worum es sich beim *Siegel Gottes* handelt.

Worum es dabei wirklich geht, wird in **2. Mose 20:8-11** erläutert: *Gedenke an den Sabbattag und heilige ihn! Sechs Tage sollst du arbeiten und alle deine Werke tun; aber am siebten Tag ist der* ***Sabbat*** *des HERRN, deines Gottes; da sollst du kein Werk tun; weder du, noch dein Sohn, noch deine Tochter, noch dein Knecht, deine Magd, noch dein Vieh, noch dein Fremdling, der innerhalb deiner Tore lebt.*

Das Wort *Sabbat* meint den *Samstag*, der ursprünglich der siebte Tag der Woche war, bevor dies geändert wurde. Wenn sie also den *Sonntag* wieder vor den *Montag* setzen, wo er originär hingehört, dann ist der *Mittwoch* auch wieder der *Mittwoch*.

SO MO DI MI DO FR SA

Die Beschäftigung mit der Frage wer den Kalender geändert hat führt uns auf die Spur, einer alten Bekannten - Es war die römisch-katholische Kirche, welche beide Tage vertauscht hat und den Tag der Anbetung auf den Sonntag verlegt hat. Ich zitiere aus ‚The Catholic Record' September 1923: *„Der Sonntag ist unser Autoritätszeichen. Die Kirche steht über der Bibel, und die Verlegung der Sabbatfeier ist der Beweis für diese Tatsache."* Dazu kann ich nur sagen: „Keine weiteren Fragen, Euer Ehren!"

Es geht also darum, an welchem Tag welcher Gott angebetet wird. Der Gott der Bibel wird Sie nicht erhören, wenn Sie ihn am Tag der Sonnenverehrung, also am Sonntag anbeten. Denn diesen Tag hat sein Gegenspieler sich dafür ausgesucht.

Der Gott der Bibel verlangt, dass der *Samstag* heilig gehalten wird. Und das bedeutet u. a. an diesem Tag nicht seinem Beruf oder einem Geschäft nachzugehen.

Das Malzeichen des Tieres erhält man also an der rechten Hand oder der Stirn, wenn man den *Sonntag* als Tag der Anbetung hält. Das Siegel Gottes werden die Auserwählten vor der Entrückung auf ihrer Stirn erhalten. Warum gibt es für das eine Malzeichen zwei Optionen und für das andere nur eine? Die rechte Hand meint symbolisch die Handlungen des Menschen. Dort werden alles das Malzeichen des Tieres erhalten, die bewusst so handeln, um sich *keine Unannehmlichkeiten* einzuhandeln.

An der Stirn erhalten die das Malzeichen des Tieres, welche die Wahrheit kennen, aber aus *Überzeugung* so handeln. Das Siegel Gottes erhält man deshalb nur an der Stirn, weil es *nicht* ausreicht die Wahrheit zu kennen, sondern man muss *auch* entsprechend handeln, d. h. die Gebote und Satzungen

Gottes halten.

Die Zahl des Namens

Was hat es mit der Zahl 666 auf sich? Was meint die Bibel, wenn sie uns sagt, dass es die Zahl eines Menschen ist? Bevor die arabischen Ziffern im in der westlichen Welt eingeführt waren, wurden die Buchstaben ersatzweise als Zeichen für Zahlen verwendet. So hatte jeder Name einen Zahlenwert.

Die meisten sind mit den römischen Ziffern vertraut, bei denen die Buchstaben einen Zahlenwert besitzen. In diesem System bedeuten I=1, V=5, X=10 usw. Das Hebräische und das Griechische, die beiden Sprachen, in denen die Bibel originär geschrieben wurde, kannten ein ähnliches System.

Lateinos ist die griechische Bezeichnung für „lateinischer Mann" oder „Römer." Auch hat der griechische Ausdruck für „das Lateinische Reich" (*latine basileia*) den Zahlenwert 666. Die Griechen nannten so das Römische Reich. Das Buch der Offenbarung wurde originär auf Griechisch verfasst. Die numerische Bedeutung hinsichtlich des Namens oder eines besonderen Titels steht im Bezug zum endzeitlichen Führer, weil dieser in der Tradition des *Römischen Reiches* steht.

Die große Hure Babylon

Und einer von den sieben Engeln, welche die sieben Schalen hatten, kam und redete mit mir und sprach zu mir: Komm! Ich will dir das Gericht über die große Hure zeigen, die an den vielen Wassern sitzt, mit der die Könige der Erde Unzucht ge-

trieben haben, und von deren Wein der Unzucht die, welche die Erde bewohnen, trunken geworden sind. Und er brachte mich im Geist in eine Wüste. Und ich sah eine Frau auf einem scharlachroten Tier sitzen, das voll Namen der Lästerung war und sieben Köpfe und zehn Hörner hatte.

Und die Frau war gekleidet in Purpur und Scharlach und übergoldet mit Gold und Edelsteinen und Perlen; und sie hatte einen goldenen Becher in ihrer Hand, voll von Gräueln und der Unreinheit ihrer Unzucht, und auf ihrer Stirn war ein Name geschrieben: Geheimnis, Babylon, die Große, die Mutter der Hurerei und der Gräuel der Erde.

Und ich sah die Frau berauscht vom Blut der Heiligen und vom Blut der Zeugen Jesu; und ich verwunderte mich sehr, als ich sie sah. Und der Engel sprach zu mir: Warum verwunderst du dich? Ich will dir das Geheimnis der Frau sagen und des Tieres, das sie trägt, das die sieben Köpfe und die zehn Hörner hat.

Das Tier, das du gesehen hast, war und ist nicht mehr, und es wird aus dem Abgrund heraufkommen und ins Verderben laufen; und die auf der Erde wohnen, deren Namen nicht geschrieben stehen im Buch des Lebens von Grundlegung der Welt an, werden sich verwundern, wenn sie das Tier sehen, das war und nicht ist und doch ist. Hier ist der Verstand [nötig], der Weisheit hat!

Die sieben Köpfe sind sieben Berge, auf denen die Frau sitzt. Und [es] sind sieben Könige: Fünf sind gefallen, und der eine ist da — der andere ist noch nicht gekommen; und wenn er kommt, muss er für eine kurze Zeit bleiben. Und das Tier, das war und nicht ist, ist auch selbst der achte, und es ist einer von den sieben, und es läuft ins Verderben. Und die zehn Hörner, die du gesehen hast, sind zehn Könige, die noch kein Reich empfangen haben; aber sie erlangen Macht wie Könige für eine Stunde zusammen mit dem Tier.

Diese haben einen einmütigen Sinn, und sie übergeben ihre Macht und Herrschaft dem Tier. Diese werden mit dem Lamm Krieg führen, und das Lamm wird sie besiegen — denn es ist der Herr der Herren und der König der Könige —, und mit ihm sind die Berufenen, Auserwählten und Gläubigen.

Und er sprach zu mir: Die Wasser, die du gesehen hast, wo die Hure sitzt, sind Völker und Scharen und Nationen und Sprachen. Und die zehn Hörner, die du auf dem Tier gesehen hast, diese werden die Hure hassen und sie verwüsten und sie entblößen, und sie werden ihr Fleisch verzehren und sie mit Feuer verbrennen. Denn Gott hat ihnen ins Herz gegeben, seine Absicht auszuführen und in einer Absicht zu handeln und ihr Reich dem Tier zu geben, bis die Worte Gottes erfüllt sind. Und die Frau, die du gesehen hast, ist die große Stadt, die Herrschaft ausübt über die Könige der Erde.

Wie ich schon im Kapitel über den *Vatikan* ausgeführt habe, wird dieser durch die Hure auf dem Tier repräsentiert. Das Tier wiederum stellt das ‚Heilige Römische Reich' dar, die Weiterführung des *Römischen Reiches,* nach dessen Zusammenbruch. Dass die Farbe des Tieres scharlachrot ist, deutet auf Rom hin, denn die Fahne Roms, war scharlachrot.

Die zehn Hörner auf dem siebten Haupt stellen zehn europäische Staatschefs da, welche ihre Macht an den ‚König des Nordens', einen Mann von *deutscher* oder *österreichischer* Abstammung, übertragen werden.

Die sieben Köpfe des Tieres stellen die sukzessiven Wiederauferstehungen dieses Reiches dar. Das dieser auch als der achte bezeichnet wird liegt daran, dass seine letzte Wiedererstehung, der Kopf mit den zehn Hörnern, eine globale Weltdiktatur errichten wird. Er selbst, der siebte, repräsentiert ja das ‚Heilige Römische Reich' in *Europa*. Aber nach der ersten Phase des dritten Weltkrieges, wird es weiter expandieren. Allerdings wird diese Sache am Ende fürchterlich schief gehen, wie wir bereits wissen und deshalb werden die *zehn Könige* wie in Vers 16 beschrieben, über die Hure herfallen, weil sie diese dafür verantwortlich machen.

Diese Metapher zeigt uns also die beiden Tiere aus **Offenbarung 13** in eine Symbolik integriert. So wie wir ja auch schon bei den Visionen des Propheten *Daniel* gesehen haben, wie die Symbolik nach und nach erweitert wird.

Das Gericht über Babylon

Und er [ein Engel] rief kraftvoll mit lauter Stimme und sprach: Gefallen, gefallen ist Babylon, die Große, und ist eine Behausung der Dämonen geworden und ein Gefängnis aller un-

reinen Geister und ein Gefängnis aller unreinen und verhassten Vögel. [...]

Vergeltet ihr, wie auch sie euch vergolten hat, und zahlt ihr das Doppelte heim gemäß ihren Werken! In den Becher, in den sie euch eingeschenkt hat, schenkt ihr doppelt ein! In dem Maß, wie sie sich selbst verherrlichte und üppig lebte, gebt ihr nun Qual und Leid! [...] Wehe, wehe, du große Stadt Babylon, du gewaltige Stadt; denn in einer Stunde ist dein Gericht gekommen!

Hiernach folgt nur noch die bereits unter den letzten sieben Plagen erwähnte Schlacht von Harmageddon in **Offenbarung 16: *12*:** *Und der sechste Engel goss seine Schale aus auf den großen Strom Euphrat; und sein Wasser vertrocknete, damit den Königen vom Aufgang der Sonne der Weg bereitet würde. Und ich sah aus dem Maul des Drachen und aus dem Maul des Tieres und aus dem Maul des falschen Propheten drei unreine Geister herauskommen, gleich Fröschen. Es sind nämlich dämonische Geister, die Zeichen tun und ausgehen zu den Königen der Erde und des ganzen Erdkreises, um sie zum Kampf zu versammeln an jenem großen Tag Gottes, des Allmächtigen. — Siehe, ich komme wie ein Dieb! — Und er versammelte sie an den Ort, der auf hebräisch Harmageddon heißt.*

Diese wird durch die Rückkehr Jesu schnell beendet werden und damit beginnt das *Millennium*, die tausendjährige Herrschaft von *Jesus* auf Erden.

Epilog

Vergessen Sie bitte nicht, dass ich nicht nur die Bibel als Beleg für die zukünftigen Ereignisse angeführt habe, sondern auch zahlreiche weltliche Belege, die aufzeigen, dass sich das prophezeite bereits abzeichnet.

Und vor allem vergessen Sie in der näher rückenden Zeit der Bedrängnis nicht, dass die beiden großen Kirchen, bis zum Hals mit drin stecken, damit Sie nicht aus Verzweiflung in die Kirche gehen oder gar den *Papst* bzw. den *Anti-Christen* anbeten. Denn das würde alles ja nur noch viel schlimmer machen!

Und vergessen Sie vor allem nicht, dass es sich bereits überall, so verhält, wie es die Prophetie der Bibel sagt. Sei es in Europa, Deutschland, der Niedergang der USA, die Gemengelage im Nahen und Mittleren Osten oder auch die Entwicklungen in Fernostasien.

Wer Augen hat zum sehen, der kann es eigentlich gar nicht übersehen – wir leben in der Endzeit und das dicke Ende, wird noch kommen und zwar so schlimm, wie es sich wohl kaum einer vorstellen kann.

Weitere Bücher des Autors:

Die sieben ‚Heiligen' Römischen Reiche

Taschenbuch 147 Seiten

ISBN: 9789461939777 Preis: 13,70 €

Assyrien – Ursprung der deutschen Völker

Taschenbuch 196 Seiten

ISBN: 9789461938510 Preis: 16,95 €

Das Matriarchat – Gesellschaft des Mutterrechtes

Taschenbuch 103 Seiten mit Farbfotos

ISBN: 9789462547162 Preis: 17,35 €

Vatikan – Wahrsagende Schlange

Taschenbuch 154 Seiten

ISBN: 9789462547216 Preis: 13,85 €

Die Verschwörung gegen das Haus Israel

Taschenbuch 134 Seiten

ISBN: 9789462547292 Preis: 13,35 €